一段你耳熟能详，却远未了解的历史

朝鲜战争

The Korean War:

a History

[美]布鲁斯·卡明斯————著
林添贵————译

Simplified Chinese Copyright © 2017 by SDX Joint Publishing Company.
All Rights Reserved.

本作品中文简体版权由生活·读书·新知三联书店所有。未经许可，不得翻印。

THE KOREAN WAR: A History
Copyright © 2010, Burce Cumings. All rights reserved
First published by Modem Library, an imprint of The Random House Publishing Group, a division of Random House Inc.

本简体中文版翻译由台湾远足文化事业股份有限公司 / 左岸文化授权

图书在版编目（CIP）数据

朝鲜战争 /（美）布鲁斯·卡明斯著；林添贵译. —北京：
生活·读书·新知三联书店，2017.6（2023.11 重印）
（世界）
ISBN 978 - 7 - 108 - 05958 - 1

Ⅰ. ①朝⋯　Ⅱ. ①布⋯ ②林⋯　Ⅲ. ①朝鲜战争（1950-1953）
Ⅳ. ① K312.52

中国版本图书馆 CIP 数据核字（2017）第 086473 号

责任编辑	叶　彤
装帧设计	朴　实　张　红
责任校对	王军丽
责任印制	董　欢
出版发行	生活·讀書·新知 三联书店 （北京市东城区美术馆东街 22 号）
邮　　编	100010
网　　址	www.sdxjpc.com
图　　字	01-2019-3832
经　　销	新华书店
排版制作	北京红方众文科技咨询有限责任公司
印　　刷	河北松源印刷有限公司
版　　次	2017 年 6 月北京第 1 版 2023 年 11 月北京第 6 次印刷
开　　本	635 毫米 × 965 毫米　1/16　印张 14
字　　数	179 千字
印　　数	33,001 – 36,000 册
定　　价	49.00 元

（印装查询：010-64002715；邮购查询：010-84010542）

献给

金大中总统

(1924—2009)

他是

持不同政见者

德高望重的政治家

和解推动者

和平使者

Contents

目 录

朝鲜大事年表 _____ I

导　言 _____ 3

第一章
　　战争的过程 _____ 001

第二章
　　牢记历史的一方 _____ 027

第三章
　　遗忘历史的一方 _____ 043

第四章
　　压迫的文化 _____ 058

第五章
　　三八线划分南北：被遗忘的占领 _____ 077

第六章
　　"最不对称的结果"：空战 _____ 107

第七章

　　记忆之潮_____117

第八章

　　重塑美国的一场"被遗忘的战争"和那场冷战_____147

第九章

　　安灵弥撒：和解氛围下的历史_____160

注　释_____175

延伸阅读_____201

朝鲜大事年表

2333 B.C.	传说檀君（王俭）和熊妻开国。
668—918	新罗王国统治的朝鲜已延伸到流经平壤的大同江流域。
918—1392	高丽王朝定都开城，展开对朝鲜的治理，并于这一期间生产出世界上最为精致的青瓷制品。
1231	蒙古人席卷中国并侵入朝鲜。
1392	李成桂将军，庙号太祖，建立朝鲜王朝，定都汉城（译注：后改名首尔，本书沿用旧称）。
1443	李朝世宗麾下学者发明独特的表音文字"谚文"。
1592—1598	日本战国大名丰臣秀吉领军入侵，蹂躏全境，但水军节度使李舜臣率兵击退日军。丰臣秀吉去世。
1876	日本炮艇强迫朝鲜开放港口，对外通商，签订第一个不平等条约。
1882	美国和朝鲜签订类似的不平等条约。
1894	东学农民运动遭敉平。
1894—1895	中日甲午战争，中国战败。

1894		废除奴隶制度。
1904—1905		日本赢得日俄战争；朝鲜成为日本保护国。
1910		日本兼并朝鲜，纳为殖民地，李氏朝鲜灭亡。
1919		3月1日，爆发反对日本统治的独立运动，全国各地群起抗议，纷乱达数个月，后遭到镇压。
1932		3月1日，日本于中国东三省成立傀儡政权"满洲国"。
1937		日本挑起中日战争。
1941		日本偷袭珍珠港美军基地。
1945		日本向盟国投降，朝鲜半岛获得解放。
1945—1948		美国在朝鲜成立美国军政厅。
1948		大韩民国及朝鲜民主主义人民共和国分别成立。
1950—1953		朝鲜战争。
1961		朴正熙少将领导第一次军事政变。
1980		全斗焕少将镇压光州民主运动，领导第二次军事政变。
1987		全国抗议示威，迫使军事独裁政府举行总统大选。
1992		金泳三当选总统，进入更民主的政治时期。
1994		金日成去世，其子金正日继任朝鲜最高领导人。
1997		金大中成为韩国第一位当选总统的在野党人士。
2000		南北朝鲜领袖首次在平壤举行高峰会议；金大中获得诺贝尔和平奖。
2002		卢武铉当选总统。
2007		李明博当选总统。
2011		金正日去世，其子金正恩继任。

导　言

这是一本由美国人所写、写给美国人看的讨论朝鲜战争的书。这一冲突从根本上讲是朝鲜人的战争，可是在美国却被解释为始于1950年6月、止于1953年7月的一段不相连贯的、浓缩的、以美国人为主角的故事。他们以好人之姿挺身干预半岛局势，似乎可以速战速决，不料却突然大败，最后他们勉力取得僵持的局面，旋即就全然遗忘。遗忘、从未了解、放弃：美国人试图掌握这场战争并要打赢它，结果却发现胜利从手边溜走，而战争又被遗忘。主要原因是，美国人从来不了解敌人——直到今天还是不了解。因此，本书亦是要发掘那些多数美国人不清楚或许也不想弄清楚、有时震撼到令他们的自尊难以承受的真相。不过，如今这些真相在民主化的、已经从历史中醒悟过来的韩国，已是普遍的知识。

2010年是朝鲜战争爆发60周年，也是日本开始殖民统治朝鲜100周年。这场战争种因于日本帝国的历史，尤其是1931年对中国东北（当时称为满洲）的侵略。日本殖民朝鲜的野心兴起时，正值日本崛起成为亚洲第一个现代大国之际。日本抓住朝鲜农民发动一场大叛乱的机会，于1894年发动对中国的战争，并于次年击败中国。又经过10年针对朝鲜的帝国争雄，日本海陆大捷，击败沙皇俄国，震撼全球，因为，"黄种人"国家竟然打败了"白种人"大国。1905年，朝鲜成为日本的保护国，1910年又在全体列强，尤其是美国的同意下沦为日本殖民地。（西奥多·罗斯福总统还赞扬日本领导人的技巧和"活力"，认为他们将率领朝鲜走向现代化。）

朝鲜这个奇异的殖民地，以世界时间而言可谓"姗姗来迟"，出现在大部分世界已被瓜分、进步主义呼声已出现并要求解散整个殖民体制之后。甚且，朝鲜远比其他大多数国家更早具备立国的先决条件：它有共同的族裔、文字语言和文化以及自从10世纪以来即受到承认的国土疆界。因此，日本人在1910年之后进行了代换工作：让日本的统治精英和朝鲜的贵族儒官交流（儒官若不合作，便遭罢黜）；建置强大的中央政权，取代过去的旧政府；最后甚至以日文取代朝鲜文。朝鲜人从来不感谢日本人的这些代换工作，不承认日本的创新，而是认为日本夺走了他们古老的体制、主权和独立、自发（虽刚萌芽）的现代化，以及最重要的，它的民族尊严。

因此，和其他一些受殖民的民族不同，大部分朝鲜人从来都认为日本的帝国统治是不合法的、羞辱性的。而且，日朝两国无论是在地理位置，还是共同受到中国文明影响方面，甚至直到19世纪中叶的发展层次上，皆相当接近，这使得朝鲜人更难忍受日本的宰制，对于两国关系产生了更深的爱恨情仇，认为是"历史的意外使我们屈居下风"。结果就是，朝鲜和日本都抛不下这段历史恩怨。今天的北朝鲜*，无数的电影和电视剧依然专注于表现日本统治时期日本人犯下的各种暴行，宣传标语也鼓励人民"以抗日游击队的生活为榜样"，而被政府认为与日本人合作过的朝鲜人后裔数十年来也一直受到严重歧视。然而，韩国就少有惩罚和日本人合作的国人的事例，这一部分是因为美国在占领期间（1945—1948）重新雇用了许多曾替日本人工作的韩国人，一部分是因为反共作

---

* 为方便起见，本书中的某些部分以"北朝鲜"指朝鲜民主主义人民共和国，以"朝鲜"指整个朝鲜半岛或朝鲜民族。——编者

战需要他们。

朝鲜半岛的冲突因而承续了日朝交恶的历史,继而延伸到1930年代起在中国东北历时十多年的战争,因此可以说它已有近80年之久——没有人说得准,它最后将在何时终止。太平洋战争的侵略者和受害人的孙儿辈仍在东京和平壤掌权,一直没有和解。如果说传统意义上的朝鲜战争的面目对大多数美国人已经隐晦不明,那么这场昔日的冲突就更加晦暗难明。由于发生在遥远的异域,相对于第二次世界大战的主要轮廓,它就更加边缘化了。同时,我们位于平壤的宿敌,紧抓住他们对这场80年战争的认识和看法,绝不放松;他们把整个社会构筑为作战机器,决心迟早要赢得胜利,它在1950年一度成功在望,但其后情势急转直下,统一的目标便一直不可企及。

因此,本书要讨论的是一场已被遗忘或从来未被了解的战争,就此而言,它讨论的也是历史和记忆。它的主题是:这场战争在朝鲜方面的起源;1950年代初期美国的文化冲突(这些冲突在这场战争能够被理解之前,几乎就把它掩埋了);在原定是一场有限的战争之中,发生于空中和陆地上的可怕的暴行;此一历史在韩国的还原;这场不为人知的战争以什么方式改变了美国的世界地位以及历史和记忆。

这场战争1950年至1953年间的基本军事史,可以迅速交代,因为战争清晰地划分为三部分:1950年夏天在韩国之战;1950年秋天和冬天在北朝鲜之战;以及中国的介入。即使两军此后又有近两年的壕堑战,但中国的参战迅即在今天的非军事区(DMZ)沿线把战事稳定下来。如果说今天美国的文献对此有详尽记述的话,就是这一部分的军事史——包括罗伊·艾普曼(Roy Appleman)和克莱·布莱尔(Clay Blair)的佳作《被遗忘的战争》(*The Forgotten War*)以及许多其他书籍。另外,还有许多口述历史和回忆录,让人得以理解美军在这场战争中及在上帝都遗弃的土地上作战时的际遇。

美国人不清楚的是，这是一场龌龊可怕的战争，老百姓惨遭屠戮，而我们表面上的民主盟友竟是最残暴的凶手，这一点可是和美国人认为北朝鲜是冷酷凶残的恐怖分子，大有出入。英国作家马克斯·黑斯廷斯（Max Hastings）写道，"共产党的暴行"给予联合国驻留韩国的"道德的正当性，直到今天仍然存在"[1]。但韩国的暴行在今天已经被历史学者认为更加普遍，这一点又该怎么说呢？挺讽刺的是，这些令人不安的经验，早在麦克阿瑟下达禁令之前，已经见诸当时读者众多的杂志，如《生活》（Life）、《星期六晚邮报》（The Saturday Evening Post）和《科利尔》（Collier）等。它们很快就被禁止、埋葬和遗忘了，时间长达半个世纪之久；直到今天，即使谈到它们，它们仍被看作有偏见的和不平衡的。可是，今天它们已经出现在关于朝鲜战争的许多文献当中了。

我过去曾经写过许多有关朝鲜战争的书籍和文章，本书撷取这些知识供一般读者参考，也提出新的主题、想法和议题。我希望能和其他历史学者一样，气定神闲地写一本小书，提供一种诠释，不带有太多的注脚和资料来源。然而，关于这场战争的许多事，迄今为止仍有争议，仍有激烈的辩论和热切的认定或否认（或是根本就不了解），我自认对同行学者有责任，因此我谨慎地加入注脚以引述重要文件，或在参考书目中列出书名。（如果我在本文中提到这些书或作者，我就略去注脚。）这些书给想要多了解这场不为人熟悉的战争的读者提供了丰富的见解和论据。对于日益凋零的美国的朝鲜战争退役军人，我致以最大的敬意，因为他们曾肩负过一项吃力不讨好的任务，并强烈盼望战争能快快结束，这样才能尽早与北朝鲜的对手再度相逢——而这次是在和平时期，双方要分享难以磨灭的记忆，重新发现彼此的人性。

对于本书的证据基础，我还有一句话要说：我们要如何评估资料来源？如果美方原属秘密的档案透露了韩国监狱关过数万名政治犯，或是警方偷偷与法西斯青年团体合作，或是这些势力只因怀疑别人有左派倾向就屠杀自己的公民，那么这就是十分重大的证据，因为我们可以假定，在现场的美国人宁可不披露他们亲密盟友的这些行径。如果在数十年的军事独裁统治下，没人敢谈论大规模的政治谋杀，然后，经过同样长久的自下而上的奋斗把这些独裁者推翻之后，成长在民主社会的新世代针对这些谋杀进行了详细、辛苦的调查，那么这些证据就比政府矢口否认或即使承认确有其事却找不到高层授意或指示的声明，来得更为重要。（不幸的是，五角大楼近年对韩国揭露的新事证，就作出了如此典型的反应。）如果当时的历史证据，与现今视北朝鲜为世界上最应受谴责、最不可容忍的独裁政体之印象大相径庭，那么或许有助于美国人了解，为什么美国在朝鲜半岛不可能得到军事胜利。

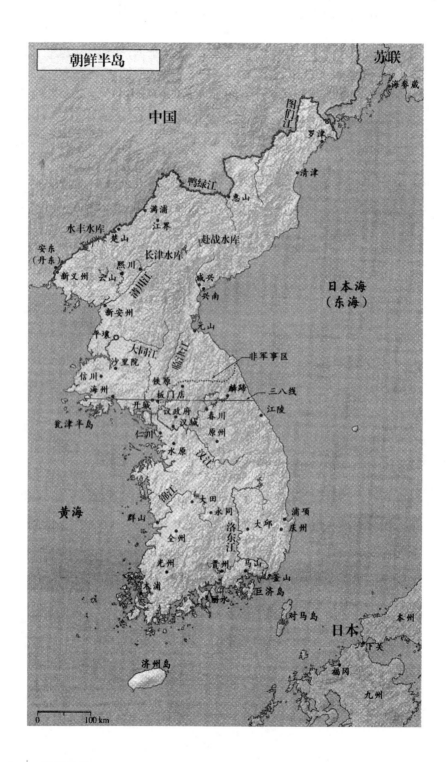

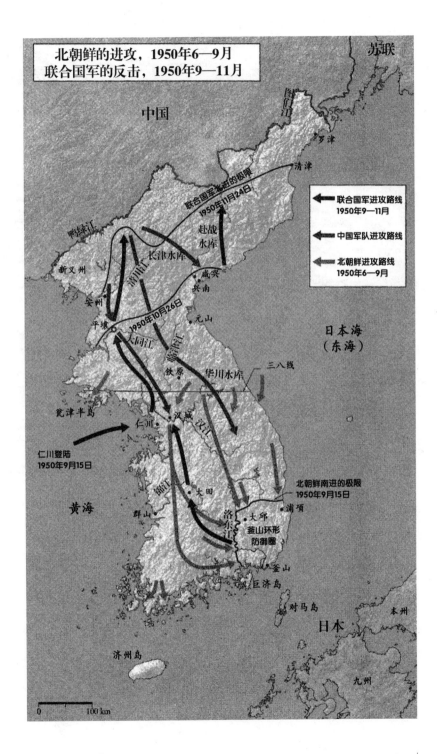

第一章

战争的过程

奥巴马总统在莫斯科回答一位学生关于一场新的朝鲜战争是否正在酝酿的问题的同一天（2009年7月7日），报上充满了对罗伯特·斯特兰奇·麦克纳马拉（Robert Strange McNamara）辞世的评论。《纽约时报》的编辑及该报最杰出的一位专栏作家鲍勃·赫伯特谴责麦克纳马拉明知赢不了越战，仍派出数万名美国青年子弟上战场送死。赫伯特写道："他在照镜子时要怎么面对自己呢？"他们都认为越战大错特错。但是，麦克纳马拉若能稳住南越，永久分治越南（如利用"电子围栏"，electronic fence），数千名美军今天仍可能沿非军事区驻守，而"奸邪势力"仍将盘踞河内。麦克纳马拉也曾在第二次世界大战期间扮演过小角色，参与规划轰炸日本城市的行动。他曾问道："难道败了就不道德，赢了就没有不道德吗？"而他和负责空袭行动的指挥官柯蒂斯·李梅（Curtis Lemay）这类人，一直遭批评者指为"行为有如战犯"。麦克纳马拉从输掉越战得到的教训是：我们不知敌，我们缺乏"同理心"（我们应该"进入他们的身体，通过他们的眼睛看我们"，可是我们并没有）；我们是自己所做的假设的盲目囚徒。[1]今天我们在朝鲜半岛仍旧犯着同样的毛病。

朝鲜是个古老的国家，世界上很少地方能像它一样，领土疆界、种族和语言文字前后一致超过千年以上。它与中国毗邻，深受中央王国影响，但一直保持独立的文明。很少人了解这一点，但是战时观察最为细致入微的记者瑞吉纳·汤普森明确地指出："中国的思想和法律深入朝鲜的肌理……仿佛罗马法交织入英国一样。"差别在于：是刻板地判定朝鲜只是"小中国"，或只不过是把佛教和儒家文化传入日本的传送带，还是能认识到它的国家和文化不同于日本或中国，就如意大利或法国之有别于德国。

朝鲜的社会结构也维系了数百年：在最后一个朝代的500年期间，广大的朝鲜人是农民，大多数是佃农，他们为全世界最坚毅的贵族阶级所拥有的土地效劳。许多人更是奴隶，这是世代相袭的地位。国家抑制商人的活动，因此商业以及任何类似中产阶级的萌芽，都几乎发展不起来。这种基本条件——享有特权的地主阶级和广大的农民群众，两者之间别无其他媒介——一直持续到20世纪的殖民时期，因为日本人在1910年统治朝鲜之后，发觉通过当地地主的势力来运作，非常方便。因此，在国家分裂、动乱和战争当中，朝鲜人也试图要矫正这些古老的不平等现象。但是，通称"两班"的这个贵族阶级并非只靠全然的剥削才能维系如此之久并度过一个又一个危机；它也产生和发展出了学而优则仕的精英、文官制度、令人尊重的治国方略、灿烂的艺术品以及全国性的重视青年人教育的志趣。在1920年代相对开放的时期，商业、工业、出版、学术、电影、文学、都市消费等各行各业都欣欣向荣——这些新兴的精英可望领导朝鲜走向独立。[2] 但是，1930年代全球陷入经济大萧条，战争爆发，日本又加强镇压，摧毁了各方面的进步力量，迫使许多朝鲜精英与日方合作，也使得爱国人士除了诉诸武装抵抗，别无选择。

朝鲜在战时正处于现代时期的最低点，这也是在朝鲜服役的许多美国人得到的印象——但印象通常依你眼光所见而异。外国人和美国大兵看到了沙尘、烂泥和污秽，可是汤普森看到的是"纯然迷人的村庄，屋顶的瓦片在屋檐和转角向上翘起……妇女穿着颜色鲜艳的衣服，鲜红色和浅粉色的西瓜肉让人垂涎"。汤普森见过世面，到全球各地采访过，而大多数美国大兵从未出过国，甚至可能没踏出过老家的城镇。汤普森在1950年代的所见所闻其实告诉了他：这是我们在越南之前所见到的越战——古客（gook，译按：美国人以此一轻蔑语称呼朝鲜人，有如用"清客"，Chink，称呼中国人）、燃烧弹、强奸、妓女、不可靠的盟友、狡猾的敌人、基本上未经训练的美军在打一场他们的将领也不了解的战争、军官遭到暗算被杀死[3]、瞧不起国内什么也不懂的民众、即使对最亲爱的人也无法描述的邪恶战役、从麦克阿瑟将军总部发出的新闻稿显然是由喜剧演员或疯子执笔、大言皇皇要把自由带给曾是日本帝国主义忠仆所操纵的独裁政体。汤普森写道,想要实施民主——想要"未经演化，就达成革命般的结果"，"真是荒诞啊！"他认为，击退北方以后唯一的结果，若非"征服和殖民"，也将是长期的占领。

常规战争开始

美国人所知道的朝鲜战争，开始于朝鲜时间1950年6月24日至25日深夜，发生在遥远、进出不易的瓮津半岛（汉城西北方）；这也是1949年5月南北双方爆发边境战斗的地点，由于现场并没有独立的观察家，因此双方此后都宣称是对方先动手攻击的。1949年的漫漫炎夏，战事似乎一触即发，大韩民国将其军队扩充到将近10万兵力，北朝鲜要到1950年初才达到可以匹敌的水平。美国获得的战斗序列数据显示，双方的兵力在1950年6月已大略相当。麦克阿瑟的情报部门估计朝鲜人民军总兵力为74370人，另有20000名边境警备队。大韩民国陆军的战斗序列显示，总兵力为87500人，其中32500人部署在边境，有

35000人在北纬38°线35英里（译按：1英里约合1.6公里。下同）的范围之内，亦即一天行军可及的范围。但是这个数据中没有计入北朝鲜部队优越的战斗经验，尤其是从中国国共内战中返国的大批人员。北朝鲜另有150辆苏制T-34坦克和一支小而有力的空军（70架战斗机和62架轻型轰炸机）——如果不是苏联部队1948年12月撤离后留下的，那么就是1949年至1950年间从莫斯科和北京买进的。（北朝鲜为此进行了好几个月战争公债的促销工作。）韩国部队仅有约两万人留驻比较远的后方。这是1950年头几个月南方的游击队显然已被粉碎后，部队大量向三八线调动的结果。北朝鲜部队也在1950年5月和6月向南方调动，但是许多朝鲜人民军单位——至少有三分之一——并不知道即将南进，因此并未动员起来投入6月25日的战斗。甚至，此时仍有数千人的朝鲜部队在中国作战。

北朝鲜部队南进之前一个星期，约翰·福斯特·杜勒斯（John Foster Dulles）刚到汉城和三八线访问过。此时，他担任巡回大使。在杜鲁门总统被共和党抨击为"失去中国的人"之后，为表示两党合作，杜勒斯成为共和党推重的国务卿人选。杜勒斯和李承晚会谈时，李承晚不仅力促美国直接防卫大韩民国，还主张挥师北伐。杜勒斯喜爱的一位记者威廉·马修斯也在场，他于杜李会之后写道，李承晚好战地"主张统一韩国。公开宣称，应早日实现统一……李声称北伐合乎正义，认为如果得到我们的协助……不需多久即可成功"。马修斯又说，李承晚表示，即使"会引发全面战争"，他也会发动攻击。这一切只是更加证明李承晚的挑衅言行和先前他多次威胁要北伐的说法并无不同。杜勒斯访问时，李承晚的表现只是一如既往，我们并无证据可以说杜勒斯和他勾结串谋。[4]但是，北朝鲜是怎么想的呢？

某位历史学家在朝鲜战争之后的一次研讨会上向杜鲁门的国务卿迪安·艾奇逊（Dean Acheson）提问："迪安，你肯定他（杜勒斯）的在场并未激起攻击吗？是有这种说法——但我并不认为如此。你对这件事有什么看法？"艾奇逊面无表情地回答："我对这件事没有看法。"乔治·凯南（George Kennan）接话说："这件事说来也好笑。因为这些人到前线去访问，站在前哨阵地上拿望远镜朝苏联人张望，我认为一定会让苏联人觉得我们已察觉他们的计划，使他们相当惊慌。"

艾奇逊说："是啊，福斯特戴一顶高顶帽子站在掩体里——的确是很有趣的一张照片。"[5] 平壤一直都喜欢到处展示这张照片。

同一时间里，企业家朴兴植出现在东京，接受《东方经济学人》的专访，访谈于1950年6月24日刊登——正是战争爆发的前一天。他被描述为韩国经济代表团（亦即马歇尔计划）的顾问，又被说成是"在日本有许多友人和熟人"（其实说得太含蓄，朴兴植在南北朝鲜都被认为是和日本帝国主义合作的最臭名昭彰的人中的一员）。朴兴植说，1945年光复之后，由于"许多革命分子和民族主义者回到国内"，韩国涌动着强烈的反日情绪。然而，到了1950年，这种情绪"几乎已不见踪影"。现在，大韩民国在三八线上"犹如和平堡垒"，而"负责国防的主要人物大多是日本军校的毕业生"。韩国和日本"命中注定要携手共存共荣"，因此应该"尽弃前嫌"。

朴兴植说，很不幸，目前的问题是"缺乏战前日本、（中国）满洲、朝鲜和（中国）台湾经济上结合为有机体的团结"。朴兴植可谓日本殖民思想的具体表征——出生在韩国是他唯一不幸但并非不能克服的命运。就朴兴植和金日成而言，1930年代是朴兴植商业活动大大扩张的开端（他是汉城首创的、仿美式百货公司形态的和信百货店的创始人），也是金日成难以想象的十年艰苦挣扎时期。经过这个开端之后，朝鲜的年轻领导人分为与日本合作或抗拒日本这两派，一场彼此之间的内斗完全可以预料，似乎也无从避免。

战争发生在1950年6月最后的一个周末；关于这个周末，仍有许多事有待了解。今天我们从苏联的文件中已经弄明白，平壤在1950年6月之前的好几个月里，已决定把南北冲突提升到常规战争的程度，已经不耐烦在南方的游击作战没有结果，或许也希望逮住南方做出挑衅动作之机会（类似的情形在1949年发生过许多次），解决掉李承晚政府。美方酝酿在中国台湾发动反蒋介石的政变，使得这个周末的情势益加诡谲；迪安·腊斯克（Dean Rusk）于1950年6月23日晚间在纽约的广场大饭店与几个中国人会晤，希望他们能组织政府，取代蒋介石（中国共产党即将攻台，蒋政府岌岌可危）。他和艾奇逊希望台北能有可靠的领导人，如此才能不让台湾落入中国大陆的控制之中，他们希望能册立一个让杜鲁门有理由支持的政府。[6]

瓮津的战事起于6月25日凌晨三四点钟；初期的情报无法确认是谁先开的火。后来，据说攻击部队来自朝鲜民主主义人民共和国边防军第3旅，早上5点30分，强劲的第6师亦加入了攻击的行列。根据美国官方历史记载，大约同时，在铁原郡南方的三八线上，朝鲜人民军部队攻击了大韩民国陆军第7师第1团，造成重大伤亡；南军阵脚动摇，朝鲜人民军第3及第4师，配上装甲旅，冲过三八线，开始猛扑汉城。可是，韩国消息来源坚称，南军第17团在瓮津半岛反攻，控制了海州，这是三八线以北唯一据称被大韩民国部队攻占的重要据点。

美国官方史学家罗伊·艾普曼对这场战争的诠释，依赖的是詹姆斯·豪斯曼（James Hausman）被仔细修删剪裁过的、关于战争在瓮津半岛如何开始的记载。豪斯曼后来告诉泰晤士电视台的纪录片团队，他的好朋友白仁烨是瓮津之役的指挥官，"当战争爆发时，他在当地不仅力守防线，还发动反攻"（亦即越过三八线）。（白仁烨是白善烨的弟弟。）豪斯曼又说："至于那些认为可能是南方发动战事的人，我认为……他们错了。"另一位接受泰晤士电视台采访的詹姆斯·皮驰（James Peach）上校是澳大利亚派驻联合国观察团的军官，他说，瓮津指挥官白仁烨是"行动派",率领第17团"双虎":"我一直不清楚是怎么一回事。关于海州,依然有点神秘难解,我认为或许是白仁烨带着他的第17团官兵前去攻打……直到战争进行了一阵子,我们才听到这个消息,我一直不很清楚究竟是怎么一回事。有一个说法是,他们进攻该地,而北朝鲜反制。"皮驰又说,他认为这个说法不可信。(注意:如果是韩国方面攻击,那么就是"白仁烨带着他的部属"攻打敌人;若是北朝鲜攻打,那就是可恶的侵略。)⁷

第17团士兵是否曾在6月25日占领海州,或甚至在瓮津发起战事,依然难下定论,现有的证据指向两极。然而,也并无证据可以支持北朝鲜的说法:是韩国发动了全面入侵;最多,只能说或许有小部队跨过三八线发起攻击,和1949年发生的多次情况相同。不论实情如何,北朝鲜的反应是全面南进。

处于朝鲜人民军攻击部队之南的是大韩民国第7师,其师部设在人民军南进之路上的要冲"议政府"市;即使到了6月26日上午,该部队都还未投入战斗,或许因为仍在等待第2师增援(正从大田搭火车北上)。第2师在当天稍后赶到,但立刻溃败,陷入混乱。北朝鲜部队于6月26日下午和晚间,穿过议政府走廊这个缺口,扑向南方,威胁韩国首都汉城。在现场的某个美国官员日后写道:"第2师溃败"是汉城快速失守的主要原因。韩国部队在北军南犯之下兵变或逃亡,有许多原因,包括火力匮乏、训练不足、军官曾为日军效劳以及李承晚政府不得民心——在1950年5月30日的自由选举中李政府差点被一个温和的跨党派同盟击败。

李承晚总统于星期天(26日)晚间就试图率领高级官员撤出汉城,整个大韩民国军事总部在没有照会美国盟友的情况下于27日移动到汉城之南。这使得在汉城之北与敌军交战的部队失去了通信联系,军民皆为之惊慌。次日,韩国大部分部队有样学样,开始撤退到首都之南,蔡

"胖"将军（蔡秉德）做了一件后人皆知的恶行：未经示警就炸断了汉江大桥，造成正在过桥的数百人当场死亡。当天稍后，李承晚总统乘专列向南撤退。他在大田誓言坚决固守、力战至死，可是旋即又登上火车，前往西南方的港口木浦，再由海路前往釜山，自此躲入防御圈之内。[8] 韩国军队士气蒸发，民众惊慌失措，汉城在37000名敌军南犯之下失陷。到了6月底，大韩民国半数部队不死即被俘或失踪。只有两个师还有器械、武器，其他装备（约占七成）若非弃置原地就是在战役中折损。

韩国抵抗迅速完全的瓦解，促使美国决定以武力介入战局。国务卿艾奇逊主导决策，命令美国陆、空部队迅速加入战局。6月24日（华盛顿时间）夜里，艾奇逊在尚未向杜鲁门总统报告战争爆发之前，已决定把朝鲜问题提交给联合国；然后，他告诉杜鲁门不需赶回华盛顿，可以等到次日。6月25日晚间白宫召开紧急会议，艾奇逊力主增加对大韩民国的军事援助，让美国空军掩护美国人撤退，并调第7舰队部署在中国的台湾和大陆之间——这么一来排除了解放军登陆台湾的可能，分裂了中国，使得台湾迄今仍由"中华民国"治理。6月26日下午，艾奇逊独力做出美国海、空军投入朝鲜战争的重大决定，并由白宫在当天晚间核准。

因此，决定武力介入是艾奇逊的决定，并得到总统支持，但这一决定却是在联合国、五角大楼或国会同意之前就已做出了。他的理由和韩国的战略价值无关，而是事涉美国的声望和政治经济。他曾经说过，"声望是权力投下的阴影"，而北朝鲜竟敢挑战它，使美国的信誉出现危机。艾奇逊认为，韩国亦对日本的工业振兴关系重大，是他连结东北亚及中东的"大新月"战略的一环（我们稍后将再讨论）。

凯南支持6月间的这一决定，他日后依当时所做笔记回忆道，艾奇逊在6月26日下午打断了同僚的讨论，他需要有时间单独待在房里,好口述指令。我们(在3小时之后)奉令集合,他宣读了一份他所拟就的文件,就是后来总统声明的初稿,等到次日终于发表时,内容其实更动不大……政府实际所采取的路线,并非军方领袖加诸(艾奇逊)身上,而是他自己单独深思熟虑后所得到的结论。

艾奇逊后来也附和凯南的说法,表示"我记得就是如此"。凯南指出,6月26日的决定是关键性的;艾奇逊也同意,这是在国会或联合国咨商之前就得出的结论。["要到(6月27日)下午3点钟,联合国……才要求我们做我们在上午已说要做的事。"]⁹

就在同一个夏日星期六的晚上,苏联驻联合国代表亚当·马立克(Adam Malik)也在长岛休息,而没有在安全理事会上使用他经常使用的否决权——表面理由是因联合国不肯让中共入会而实施抵制。他计划于7月6日回莫斯科商量对策。¹⁰长期担任苏联外交部长的安德烈·葛罗米柯后来告诉腊斯克,星期六夜里马立克立刻拍发电报向莫斯科请示,而且破天荒首次得到斯大林大元帅的直接回电:不,不要出席会议。¹¹我们不晓得斯大林的理由是什么,他或许希望加速美军进入一个世界边陲地区,因而蒙受鲜血及财物损失;也或许希望美国主宰联合国,以摧毁此一国际机构的普世组织的形象。

艾奇逊在6月25日至26日的决定,已经预示美国要投入地面部队,到了6月30日清晨,艾奇逊的决定正式定案。参谋长联席会议直到6月30日仍"极其不愿"把步兵部队投入战斗,而且杜鲁门在做决定时也未作征询。军方默不作声,一方面是因为韩国是个战略上的死胡同(strategic cul-de-sac),或许还是和莫斯科进行全球斗争时的一个陷阱;另一方面也因为美国陆军总兵力为593167人,外加75370人的陆战队,而北朝鲜光在1950年夏天即可动员20万名战斗兵员,这还不算中国人

第一章 战争的过程 | 009

民解放军庞大的后备兵力。

仓促决定派出地面部队，依据的是麦克阿瑟视察前线后得出的结论，他认为韩国部队绝大多数已停止作战。从战争一开始，到1950年的整个夏天和秋天，韩国部队似乎都不复存在，他们既缺乏装备与北朝鲜作战，也被证明无法守住自己的阵地。绝大多数参与头两年战事的美国老兵都认为，韩国部队"根本不能作战"，一交锋就溃散。（依据马修·李奇微将军的说法，到了1951年夏天，韩国部队损失的物资足以装备10个师，他们依然需要"在所有层面彻底训练，加强装备和指导"。）有位美军上校告诉英国记者菲利普·奈特利说："韩国人、北朝鲜人不是同一种人吗？为什么北朝鲜人作战如猛虎下山，韩国人却溃逃如绵羊！"在前线到处发送的摩斯密码"HA"（hauling ass），就是指韩国部队"飞速溃退"。不过，韩国军官倒很会欺负自己人，稍有不从，就痛加殴打。有位美国大兵目睹一名军官因某人不请假外出而将他枪毙，一枪打进后脑勺，把尸身踢进坟穴。此人留下妻子和3个小孩。但是，美国大兵对他们的朝鲜敌人和盟军也有种族歧视。有位老兵回忆说，大部分美国人"对朝鲜人有根深蒂固的偏见"，以致很难有同理心或了解。"他们的反射性举动就是仇视朝鲜人。"到了1951年停火谈判开始之后，韩国部队才有时间慢慢提升战斗的意愿。[12]

但是美国人也不晓得他们将和真正有效率的敌军作战，从战争开始的第一天起，美方高层就低估了北朝鲜的实力。麦克阿瑟说："我绑起一只手来也可以撂倒他们。"次日，他又告诉杜勒斯，如果他可以把第1骑兵师调到朝鲜半岛，"你会看到这些家伙急急撤退到满洲边境，然后再也看不到他们"。起先，麦克阿瑟说他需要一个团的美军战斗兵员，然后改口要求两个师的兵力。然而，一星期之内，他致电华盛顿，只剩下四分之一的韩国部队有下落，反观朝鲜人民军"在卓越的高层指导下作战，展现出了高超的掌控战略、战术原则"。到了7月初，他要求至少有3万名美军战斗兵员,亦即4个以上的步兵师、3个坦克营和各种炮兵;再隔一周,他要求8个师的兵力。[13]

误判形势也是因为美国白人成长于黑白分离的社会,有着无所不在的种族偏见,他们把韩国人看作"有色人种",认为应该受到种族隔离的限制。(有色人种在弗吉尼亚州喝水要喝"有色人"的泉水,在其他南方各州不得与白人通婚,在西部许多州亦不准拥有房地产。)我们不妨看看《纽约时报》受人敬重的军事编辑汉森·鲍德温在战争爆发3星期时所做的判断:

> 我们在朝鲜面对着一支野蛮人部队,但他们是训练有素、残酷不仁、不恤性命的野蛮人,而且精熟战术,有如成吉思汗的部队……他们从纳粹的闪电战教科书中吸取经验,运用一切可怕、恐怖的武器。

他错误地提到,据说中共已加入战局,不久可能"蒙古人、苏联的亚裔人以及形形色色种族的人"都将跟进——其中有些是"最原始的人"。鲍德温把北朝鲜的部队形容成入侵的蝗虫,建议要"更务实地训练(美军),才能对付穿盔戴甲的蛮族"。[14]

几天后,鲍德温又说,朝鲜人命不值钱:"在他背后是一大片亚洲人,在他面前则是劫掠致富的希望",不然还会有什么"使他尖叫",又该如何解释他"狂热的决心"?[15] 蒙古人、亚裔人、纳粹、蝗虫、原始人、蛮族、小偷——你一定认为鲍德温已经为形容侵犯南方家园的民族搜尽枯肠,但是他又提出了别的方法来处理"狂热信念的问题":

> 德国人在他们与苏联游击队的缠战中发现,对付游击队的唯一之道是……在民间"争取朋友、影响别人"。实际上要平定这个国家就得如此。

（或许指的是在乌克兰的平定方式。）

对于北朝鲜人痛恨"美军轰炸杀害了妇孺"这种说法感到有点不安的鲍德温又说，朝鲜人必须了解，"我们不是只带来了破坏"；美国人必须说服"这些单纯、原始、野蛮的人……我们才是他们的朋友，共产党不是"[16]。我们不妨也听听纽伦堡审判中起诉过战犯的检察官泰福德·泰勒怎么说：

> 东方战争的传统和做法，与西方所发展出来的战争传统和做法，并不相同……东方的习俗并不珍视个人性命。我们要期待个体的朝鲜士兵……遵守我们最崇高的作战观念，是不切实际的。[17]

1950年夏天，朝鲜人民军节节胜利，向南推进，美军则一再惨败。战胜德、日雄师劲旅的美军很难堪地发现自己竟被装备极差、乌合之众般的农民大军逼到了墙角，更糟的是，这支大军据说还听命于一个外来的帝国强权。到了7月底，美国和韩国军队合起来为92000人（其中47000人为美军），人数超过朝鲜人民军的70000人，可是人数虽多，仍节节败退。8月初，美军陆战队第1旅投入战斗，终于止住了北朝鲜的推进。战线从此时到8月底没有太大变化。双方的战斗终于稳定在所谓的釜山环形防御圈（Pusan Perimeter）一带，这是一个80英里乘50英里大小的阵地。金日成后来说，原本计划一个月之内赢得南方之战，到7月底他已几近达成目标。

这个防线北侧的必守之地是浦项附近的海岸，东南侧必守之地是晋州—马山一线的沿海地区，其中心则在重要的城市大邱之北。大邱成为美国坚决抵挡北朝鲜推进的象征，但是东北方的浦项可能才是制止北朝鲜占领釜山、统一朝鲜半岛的关键。艾普曼写道，北朝鲜犯的"重大战术错误"是在东北海岸公路一线没有力争优势。北朝鲜第5师瞻前顾后，太担心如何掩护侧翼，没有迅速扑向浦项，去跟从东南方威胁釜山的第6师会师。

北军在韩国首都汉城南面停了将近一个星期，才重新启动向西南及东南的钳形的、以坦克为前导的闪电战。这个停顿使得一些历史学者怀疑，原来的攻势是否主要针对汉城这个韩国的神经中枢，希望守住它，静待李承晚政府垮台。总之，这个停顿给了麦克阿瑟在东南方建立防线所需的重要的时间。美军终于在釜山防御圈挺住了。北朝鲜沿釜山防御圈集结了98000人的军队以及数千名积极参与作战的游击队员（包括许多女性）。8月间，参加过安济欧战役的美军第24步兵师师长约翰·丘奇将军认为朝鲜战争不像第二次世界大战期间欧洲的战役："这是全然不同形态的战事，这实际上是游击战。"根据英国消息来源的说法，这"本质上是崎岖地形中的游击战"；美军部队"经常暴露在游击队渗透的威胁下，游击队从山上横扫而下，且进到其阵地之后方"。[18]

实质上任何村庄若涉嫌窝藏或支持游击队，就会被夷为平地（通常由空中投弹）。甚至于城市和镇甸若被认为左倾，也会强迫居民全数撤离，予以清空：顺天十室九空，马山有数万名平民撤离，醴泉郡"所有平民"统统撤走。由于生怕"住在大邱的左派及第5纵队阴谋制造动乱"，加上周边防线遭受重大压力，担心有人"起事"，大邱广大民众被迫迁走。到了8月中旬，许多迫迁民众被集中在釜山附近的各岛屿上，不准离开。[19]

此时，北朝鲜部队的人数仍远远落后。麦克阿瑟已成功地调集整个美军的精锐之师投入朝鲜战场；到了9月8日，所有已经战斗训练的陆军部队，除第82空降师之外都已派赴韩国。虽然这些单位大多投入了准备在仁川展开的两栖登陆战，仍有83000名美军以及57000人的韩国及英国部队沿着前线对抗北朝鲜。此时，美军坦克的数量是北朝鲜的5倍，炮兵火力占优势，且已在战争爆发不久后即完全取得了空中优势。

8月底，北朝鲜部队在釜山防御圈上发动最后一次重大攻势，两周内取得了"可观战果",严重威胁着联合国军的阵脚。8月28日,方虎山将军命令其部队在几天之内拿下马山和釜山;北朝鲜的3个营成功越过中段的洛东江;浦项和晋州失陷,防御圈"濒临崩溃";北军亦进逼庆州、马山和大邱。美军司令官把第8军军部由大邱迁移到釜山,韩国知名人物开始离开釜山,前往对马岛。9月9日,金日成说,战争已到了"最严峻的决定性阶段",敌军在三条战线上都受到挤压;两天之后,美军指挥官也说,前线局势已进入防御圈建立以来最危险的阶段。艾普曼写道:"经过两个星期最激烈的交战",联合国军"勉强顶住了北朝鲜的重大攻势"。美军的伤亡在9月15日创下新高,达20000人,其中4280人阵亡。

1950年9月中旬,麦克阿瑟将军精心策划,从仁川发动了战术上非常漂亮的两栖登陆战,美军旋即收复汉城。仁川港的潮汐非常诡谲,如果挑错时间抢滩,整个舰队很容易搁浅。但是美军毫无瑕疵地穿越了诡谲的海湾和浅滩。海军最优秀的两栖作战专家阿瑟·杜威·斯特鲁布尔(Arthur Dewey Struble)将军,"二战"期间曾指挥过菲律宾莱特岛登陆战,还曾在诺曼底登陆战中指挥奥马哈滩抢滩行动,他在仁川之役中指挥270艘船舰的庞大舰队,在几无伤损的情况下把80000名陆战队员送上岸。陆战队大部分未受到抵抗就完成了登陆,但行动旋即被致命的炮火迟滞,直到9月底才攻克汉城。北朝鲜面对此一情势,无可奈何;金日成部署了约两千名缺乏训练的部队防守港口,但不知为什么,没在港口布雷。他们并没有因美军登陆而大吃一惊(美方的神话如此说),可是他们抵抗不了,于是展开了他们的历史学家避重就轻地说的"战略大撤退"。

10月初,美军决定跨过三八线发动攻击,北朝鲜正规军继续后退,诱敌深入,引得麦克阿瑟决定不顾劝阻、兵分两路追击;另一方面,北朝鲜亦恳求中国盟友伸出援手。美军虏获的文件显示,北朝鲜做出重要决策，要在关键地点与美军作战以掩护其部队全面撤退。另一份虏获的文件上则有朝鲜人民军第8师政治情报主任朴基成的一段话：

> 敌军主力依然完整，没有遭受到全面损失。但他们没有完全了解我方实力，让步兵部队深入我境……直叩鸭绿江。这表明他们低估了我们。上述所有条件都有利于诱其深入。

中国及北朝鲜联手攻击期间被俘的另一个北朝鲜军官说，直到11月底，朝鲜人民军仍在"继续撤退"：

> 有人或许会认为，一路挺进到釜山周边，然后一路撤退到鸭绿江，乃是彻底战败。其实不然。这是有计划的撤退。我们撤退是因为我们知道美军会追上来，他们的部队将分散到广大的地区。现在该是我们包围这些部队、予以歼灭的时候了。

他说，从正面攻击的中朝联军，将获得"8个强大兵团从后方进行骚扰及袭敌"的协助。[20] 虽然北朝鲜部队有大量步兵落入麦克阿瑟的陷阱而被俘，大部分军官却得以脱逃，并率领大批部队经过山区回到北方。许多游击队也逃入南方山区，于1950年至1951年冬天成为美军伤脑筋的大问题。（1951年初，朝鲜人民军又回头攻击，一度深入到韩国庆尚北道的安东和尚州。）

仁川登陆之后不久虏获的一份文件透露了金日成对南征之战的评估。他说，"原本计划是一个月之内结束战事"，但是"我们无法歼灭美军4个师"。攻克汉城的部队又违令，未能迅速南进，因此使得美军"得以喘息"。从一开始，"我们的首要大敌就是美军"，但是他承认，"联合国军及美国海、空军加入战局，使我们吓了一跳"。这表明金日成预料到美国地面部队会参战（可能是从驻扎在日本的美军部队中抽调人马），但没料想到规模如此之大，也没料想到美方会出动海、空军——这是很诡异的轻忽，除非北朝鲜认为苏联的海、空军能吓阻或对抗美国的海、空军。包括美国参谋长联席会议在内，任何人都很难想象，美军绝大部分步兵部队会从地球另一端调到这个和美国全球战略关系似乎不太大的半岛，投入战斗。

南征之战造成韩国死亡 111000 人，受伤 106000 人，失踪 57000 人；314000 户房子全毁，244000 户受损。美方的伤亡是 6954 人死亡，13659 人受伤，3877 人失踪。北朝鲜军方伤亡数字不详，但可能至少死伤 50000 人。

"一群老中"：北伐

美国率领的联合国军大可重建三八线，并宣称依据遏制政策"我们战胜了"，这样，这就将是一次犹如外科手术般精准的干预，虽然过程很吃力，但却是让共产党吃了败仗的愉快而显著的胜利，而且清楚证明了美国言出必行。没有人能够不称许杜鲁门的胜利。但是，当战争持续到 1950 年夏天的时候，杜鲁门几乎所有的高级顾问都认为机会来了，他们不仅可以遏制共产主义的侵略，还可使情势倒转。杜鲁门直到 8 月底都还赞成北伐；证据很清晰，打入北朝鲜是由华盛顿拍板的，而不是在东京决策的。历史学家克莱顿·詹姆斯认为这个决定的"不切实际，可媲美 1961 年攻打猪湾事件"，他认为这是华盛顿官员"团体思维"的结果。其实不然，它合乎逻辑地延伸自杜鲁门政府一年多来为了是要遏制还是要击退北朝鲜而进行的无休止的辩论。但是詹姆斯说对了的是，文官掌握关键决策权——艾奇逊乾纲独断：首先是保卫韩国，然后是打入北朝鲜——不再保持"二战"

期间文武官员共商大计的做法。[21]

这项决定具体表现在美国国家安全委员会第81号文件（NSC-81）上。文件由腊斯克主笔，授权麦克阿瑟在没有苏联或中共干预威胁的条件下进军北朝鲜。它明白地要求"击退"北朝鲜政权；作战电文也一再提到北朝鲜的"解放地区"。起先，麦克阿瑟奉令在靠近中国边境地区的作战中仅使用韩国部队，但参谋长联席会议不久就告诉他可以放手作为。如果我们容许一个被支持杜鲁门的、重建的历史攻击了多年的人稍加夸张的话，麦克阿瑟1951年向参议院报告时说得没错，跨越三八线的决定是"得到美国政府每个部门完全、绝对的同意"的。

金日成跨越的是有五年历史的三八线，不是分隔伊拉克和科威特，或德国和波兰的国际疆界线；三八线是把一个少有的且广受承认的历史悠久的国家分隔为两半的分界线。说"朝鲜人侵略韩国"所暗示的反逻辑，有违一般的常识，也使得我们无法合乎逻辑地重新建构美国的官方立场。麦克尔·沃尔泽（Michael Walzer）在美国讨论战争正义最有影响力的一本书中，提出以下论证为杜鲁门政府起初的干预行为辩护：美国针对北朝鲜的侵略所作出的反应是正确的，因为杜鲁门把问题提到联合国这个全世界决策的合法机关去讨论，因此合乎全球正义（"侵略者挑战了个别及共同权利，因此是犯罪行为"）。然而，为了把美国打进北朝鲜的行动合理化，美国派驻联合国的代表说三八线是"一条想象的界线"。沃尔泽说："我不会评论'三八线是一条想象的界线'这个奇怪的观念。"（那我们又怎么去认定起初的侵略？）沃尔泽不加深思就回避了它，因为他的论证之精髓就是杜鲁门的防卫是正确的，而三八线为国际疆界——那就是"起初的侵略"。[22]为什么北朝鲜跨过三八线是侵略，而美国人做同样的事时，它就成了想象的界线呢？

第一章　战争的过程　｜　017

中国近在咫尺

美国所有的情报机关在9月和10月共同的结论是,中国不会参战。9月20日,中央情报局拟想了中国"志愿军"投入战事的可能性,一个月之后,它提到"有些报告"说中国东北的部队可能奉派进入朝鲜。然而,"共产中国可能和苏联一样,不会公开介入北朝鲜之事"。11月1日,中央情报局局长沃尔特·比德尔·史密斯(Walter Bedell Smith)将军正确地写下,中国"可能真的担心东北会受到入侵",他们将"不顾大战可能升高的风险",为了边境安全,寻求建立一个安全地带。11月24日,当麦克阿瑟扑向鸭绿江国境之际,中央情报局依然找不到足够的证据说中国正在计划进行"重大的攻势作战"。情报机关并不缺乏信息,问题出在假设和预想的层面:莫斯科不会介入,因为它害怕爆发全球大战;北京也不会介入,因为它听命于苏联。

朝鲜战争开始之前,苏联人和中国人就讲好了分工:1950年,苏联军事顾问进入北朝鲜,中国军事顾问到北越。两国分别在友军的战略规划、后勤、军队组建和政治控制方面给予协助。北朝鲜准备南进之际,北越"正在计划沿中越边境全面进攻法国部队"。23 这倒不是刻意或有计划的分工,而是因为第二次世界大战结束时,苏联占领了北朝鲜、中国接收了北越,以及毛泽东和胡志明在延安时期就有交往的结果。

朝鲜战争爆发不到三个星期,中国就派出一个军事情报团前往平壤,早在8月4日毛泽东就考虑介入战事:如果美国入侵北朝鲜,"我们必须对朝鲜伸出援手,以志愿军的名义介入"。大约在仁川登陆战之时,北朝鲜高级将领朴一禹要求中国进行军事援助;接下来,10月1日金日成与中国大使召开紧急会议,请求解放军第13兵团迅速渡过鸭绿江。此时,中国已经决定介入,问题只在时机:9月30日,毛泽东告诉斯大林,

"我们已经决定"派出多达12个步兵师的部队。然而,克里姆林宫担心中国若对美国展开大规模攻势,可能引爆世界大战,决定撤回原先承诺要提供空中力量保护中国海岸的方案。中国也不再计较,还是参战,此举显然令斯大林大为意外。[24]

北朝鲜和中国的文件清楚地显示,中国不纯粹是基于保护边界的原因才介入战局的,而是因为毛泽东早在战争之初就决定,如果北朝鲜战事不顺利,中国有义务伸出援手,因为过去有许多朝鲜人为中国革命、抗日战争和内战而牺牲。中国外交部宣称中国有义务"和过去数十年来与我们站在一起的朝鲜人民"并肩奋斗。10月7日美军跨过三八线之夜,毛泽东彻夜难眠,做出了参战的决定,并于次日告知斯大林。仿佛心电感应一般,麦克阿瑟在同一天告诉陆军部,"我们军事作战的战场只受军事需求及朝鲜的国际疆界之限制。因此,所谓的三八线不是一个需要考虑的因素"[25]。换句话说,是美国国家安全委员会第81号文件的"击退"战略本身造成了中国的介入,而不是美军后来攻抵鸭绿江,才使得中国参战。

中国部队于10月底发动攻击,造成美军重大伤亡后,旋即消失。中国有可能希望这样就足以使美军在平壤北方的狭窄颈部地区停驻,不再向鸭绿江挺进。但这么做有可能使朝鲜民主主义人民共和国政府成为小型的残余政权。大约此时,金日成搭乘装甲专列抵达北京,在夜色笼罩和严密警戒下活动。陪同他的有3名北朝鲜高级将领和中国在东北的领导人高岗。中国的高级领导人,包括周恩来和聂荣臻(除了毛泽东之外,和决定援助朝鲜关系最密切的两个人),同一时间都没在北京露面,直到10月27日才露面出席任弼时的告别式。[26]但是美军继续挺进,北朝鲜和中国也继续采用诱敌深入的战略,使美军拉长补给线,再等候寒冬到来,争取时间在战场上来个大逆转。

麦克阿瑟和他的"参二"(G-2)情报首长查尔斯·威洛比(Charles

Willoughby)只相信自己,他们对于混合了下述两者的情报做了直觉判断:有关敌军实力的铁的事实,以及所谓敌人的种族特质("中国佬不会打仗")的预感。直觉判断再加上麦克阿瑟"'我个人的情报绝对不会错'理论"(他"组建自己的情报组织,解读其结果,依据自己的分析行动"),两者交互作用。[27]中央情报局一成立,就威胁到了麦克阿瑟在太平洋独霸的情报战场,以及艾德加·胡佛在拉丁美洲原有的部署。因此麦克阿瑟和威洛比继续他们在太平洋战争期间针对"战略服务处"的"禁制"。虽然中央情报局在1950年6月之前已在日本和韩国开展工作,但其工作人员皆需先得到威洛比的许可,或躲开麦克阿瑟G-2部门(以及敌人目标)的耳目,以致在信息情报的处理中,几乎不存在有效的联络。1950年3月底,参谋长联席会议的劳顿·柯林斯(Lawton Collins)将军要求麦克阿瑟与他们分享威洛比有关中国及邻近地区的报告,这才出现了最低程度的合作。

感恩节当天(11月23日),战地部队享用全套火鸡大餐,明虾鸡尾酒、薯泥、蔓越莓酱、南瓜派等配菜齐全。他们不晓得数以千计的中国士兵包围着他们,只有"一袋粟",在华氏零下30度(译按:约摄氏零下35度)的低温中穿的是橡胶帆布鞋。(汤普森写道:北朝鲜和中国部队是"一人在后方,支持一人上前线";美军则是一人上前线,后方有9个人支持——而且还有"一大堆罐头、糖果、可口可乐和卫生纸"。)[28]次日,麦克阿瑟发动他委婉地号称的"武力侦察"行动,沿着作战前线全面反攻。他形容这是"大规模压缩和包围"、"钳形"攻势,是要生擒北朝鲜残余部队。美国和韩国部队再次势如破竹地往北挺进。攻势进行了3天,几乎没遇上抵抗,韩国部队还成功地进入了东北工业大城清津。麦克阿瑟不顾华氏零下22度(译按:摄氏零下30度)的低温,派陆战队进取长津水库,又派第7师渡雄基河北上。一星期之内,第7师即在没有抵抗的情况下,夺取了金日成的甲山郡心脏地带,并抵达鸭绿江边的惠山。

最后，中央情报局的每日报告终于掌握到敌军后撤行动的模式，认为过去这样的撤退乃是攻击行动的先声。它亦谨慎指出，在联合国军后方出现了"大型、有协调、有组织的游击部队"，另外游击队还"在韩国西南方占领了大片地区"。但一直到11月20日，各项估计还是看法不一，有的说共产党只是撤退到比较易守的地点，有的说"面临联合国军北上一再后退"，只代表"拖延行动"，不是预备全面反扑。圣诞节之前,在一片胜利在望的憧憬中，侦察机飞行员的报告——"乡下地区到处"是敌军的长队伍——未受到重视，更不用说，也不重视俘虏中有来自不同的6个军的中国兵这个事实。

从11月27日开始，敌军穿破"重重包围"展开猛烈攻击，把联合国军打得落花流水。陆战队第1师被困在长津水库，韩国第2兵团再度溃散，两天之内，联合国军全面撤退。12月4日，参谋长联席会议发电报给麦克阿瑟，指示他，"现在，保存你的实力是首要考虑"——亦即承认整个美国远征军完全过度暴露在风险下，已经遭到重挫和包围。两天后，共产党军队收复平壤；次日，联合国军最北方的部队只在三八线之北20英里处。中朝联军发动反攻，两个多星期就肃清了北朝鲜境内的敌军。美军将领爱德华·阿尔蒙德（Adward Almond）写道，"我们看到一大堆老中"；他希望日后能有机会"收拾这些黄种混蛋"。到了12月底，在中朝联军于除夕夜发动的攻势下，汉城岌岌可危，即将再度失守。[29]

麦克阿瑟曾经说，中朝联军第一次声东击西作战是"有历史记录以来，国际非法分子最猖獗的攻击行动"；他告诉华盛顿，朝鲜人民军已全面溃败，伤亡335000人，已无残部存在；因此，"现在我们面对的是新的（中国）敌军"。（事实上，此时朝鲜人民军人数仍多于中国人民志愿军。）接下来，当中国大批部队于11月底投入战事后，麦克阿瑟以无线电报告，他"在一场不宣而战的战争中，面对全中国"。全中国的中国人?他讲的是那些"中国的乌合之众"吗?汤普森说得没错,哪来那么多中国人? 1950年年底,在北朝鲜的整个敌军人数从未超过联合国军,即使麦克阿瑟总部算上了中国派出的18个师的部队。(从每一个师都恰好逮到几百个战俘。)³⁰ 其实,中方只是利用夜间运动、灵活的声东击西、令人紧张的号角和哨声,搞得联合国军觉得四面楚歌、陷入重围。

中国部队大力参战之后,麦克阿瑟立刻下令在作战前线和鸭绿江边界之间实行焦土政策,从空中摧毁北朝鲜数千平方英里之内的每个"设施、工厂、城市和村庄"。英国派到麦克阿瑟总部的一名空军武官说,除了靠近苏联边境和鸭绿江水坝的罗津市,麦克阿瑟的命令是"摧毁一切通信手段,以及每个设施、工厂、城市和村庄。破坏工作始自东北边境,向南延伸"³¹。如此大规模的破坏,针对大军所过的每一座村庄,随着中国部队向南推进,一路延伸到韩国。《纽约时报》记者乔治·巴瑞特不久即在安养之北的某个小村庄发现了"现代战争恐怖的遗迹":

> 整个村庄和田野的居民在燃烧弹投下时被击中、被杀害,并保持着他们原本的姿势——有个男子即将跨上他的脚踏车;50名男女孩在孤儿院内玩耍;一名家庭主妇手中拿着一张撕下来的施乐百货公司商品目录,正在填写邮购单:序号3811294,价格2.98美元,"迷人的床罩——桃红色"。

国务卿艾奇逊希望新闻检查机关注意这一类"耸人听闻的报道",并予以制止。³²

11月30日,杜鲁门在记者会上暗示考虑使用原子弹。他表示,美国可能动用手上拥有的任何武器,以制止中国参战。这样一说,连斯大林都担心事态严重。根据当时苏联情报机关"国家安全委员会"某个高级官员的说法,斯大林估计如果美国在朝鲜北部失利,就会爆发世界大战,他担心结果不可收拾,因此倾向于允许美国占领整个朝鲜半岛。斯大林说:"又会怎么样?就让美国在远东和我们做邻居吧……我们还没做好战争的准备。"中国和斯大林可不一样,中国已经有了放手一战的准备,但只要打到半岛的中央,而不是开启第三次世界大战。

李奇微将军机敏的战场统御终于稳住了联合国军在汉城南方的阵脚。到了1月底,他率军勇敢作战,北上前进到汉江,遥望首都。又经过数星期苦战,联合国军收复汉城。4月初,美军再度跨越三八线。当月稍后,中国最后一次重大攻势被击退;到了1951年暮春,战事已经沿着相当于今天朝韩非军事区一线稳定下来,联合国军在东边占领了三八线以北的一块地区,中朝联军则在西边占领了三八线以南的一块地区。经过艰巨的和平谈判,以及其后两年的血腥交战(绝大部分是类似第一次世界大战的阵地战、壕堑战),战争大约就沿着这一线中止了。

战争中止

1951年6月23日,苏联驻联合国代表马立克提议,交战各方展开讨论,安排停火。杜鲁门同意,建议由苏方寻找合适的会谈地点,结果选定跨在三八线上的古都开城。停火谈判于7月10日开始,起初联合国方面的代表为海军中将特纳·卓伊(Turner Joy),北朝鲜代表为南日中将。谈判断断续续拖延着,几次暂停,又改到板门店进行——直到今天都还在板门店协商。如何适当、公平地划分双方的军事分界线,引起了无穷尽的争论,但真正使得谈判滞延的关键议题是相关各方人数众多的战俘如何处理,重点在于遣返时的选择自由这个问题。美方于1952年1月提出:大约1/3的北朝鲜战俘,以及更高比例的中国战俘,不肯回到共产党的统治之下。同时,韩国也不肯签署会使朝鲜半岛分治的任何停火协议。1953年6月中旬,李承晚突然释放了25000名战俘,这导致美国准备了一份政变计划("有备无患行动",Operation Everready),倘若李再扰乱停火协议,就推翻他。可是,和往常一样,李承晚得逞了:艾森豪威尔试图以承诺战后签署共同防御条约以及巨额美援收买他——可是,他还是拒绝签署停火协议。

据说北朝鲜虐待美国和其他国家的战俘,不让他们吃,也不让他们睡,又对许多人施行政治思想改造,美国方面抨击这是"洗脑"。同一时期,尽管美方一再声明尊重个人权利、人格尊严和《日内瓦公约》,但在韩国的战俘营里却出现了战争,亲朝、亲韩、亲中共、亲台的各战俘团体彼此交战,并争取其他战俘效忠。和美国人原先的假设不一样,共产党在暴力对付战俘时还有点差异,可是韩国却常态性地杀害被俘者,而不让他们成为战俘,对于活下来的战俘又用刑或施以精神虐待。右翼青年团体——在1940年代动乱时期非常盛行——试图组织反共的战俘,但往往变成出手重伤害。双方都想"改变"战俘的政治立场,但共产党有比较积极的信息,也似乎真正相信自己说的话,而青年团体的领导人只知要求自动听命服从(对这方面叙述最清楚的是《迪恩将军的故事》)。即使在战俘营关押多年,大韩民国仍要对开释的战俘做6个月的"感化教育",才准其回家。有60个人因为尚未袪除共产党的"洗脑"影响,继续受到羁押。[33]

战俘问题终于在1953年6月8日获得解决,共产党方面同意把拒绝遣返的战俘送交"中立国监督委员会"看管3个月;经过3个月,仍不肯遣返者即获得开释。共产党在6月及7月发动了最后两次攻势,想争取谈判优势,却付出了重大代价,没有成功。美国空军轰炸了供应北方粮食生产所需的75%水源的巨型灌溉用水坝。1953年6月20日,《纽约时报》宣布,被控替苏联当间谍的朱利叶斯(Julius)和艾瑟·罗森堡(Ethel Rosenberg)夫妇在辛辛监狱伏法;在不显眼的每日战情报道中,美国空军宣称其飞机轰炸了北朝鲜龟城和德山两水坝，而北朝鲜的电台又更不显眼地承认这些大型水坝遭受"重大破坏"。两天之后，《纽约时报》报道，国务院禁止美国新闻总署海外图书馆流通数百本美国书籍——包括达希尔·哈米特（Dashiell Hammett）的《马耳他之鹰》。*

战争本来可以结束得更早，但由于朝鲜已不再有爆发大战的危险，维持战事更符合莫斯科和华盛顿的利益。有些历史学者认为斯大林在1953年3月去世和艾森豪威尔政府在五六月间把空战升级，终于使热战停止；可是也有人说，战争在1951年其实即可终止。战事拖延期间，美国也蠢蠢欲动，有意动用手上最大的武器。1953年5月26日，《纽约时报》刊登了一篇文章，提到军方在内华达州法国平原上首次用大炮发射10吨级的原子弹（广岛原子弹的一半威力）。几天之后，内华达试验基地又试爆了"最强大的原子弹"；有人猜测它可能是氢弹。原先保密的材料显示，1953年五六月间，艾森豪威尔政府想要表明：为了结束战争，将不惜动用一切手段。5月中旬，艾森豪威尔在国家安全委员会上表示，在朝鲜动用核武器将比使用传统武器的代价更低廉。隔了几天，参谋长联席会议建议针对中国发动核攻击。内华达试爆是此一核恫吓的一部分，是为向敌方发布信息：你要识相一点，快签署停火协议。虽然如此，没有证据显示艾森豪威尔的核威胁影响了共产党方面停止战争的决定——这是几个月前便已决定的事。

1953年7月27日，参与战争的四方主要当事人有三方签署了停火协议（大韩民国仍然拒绝签字）。协议规定在朝鲜半岛中间划出一条2.5英里宽的缓冲区，双方部队及武器皆应撤出。今天，这个重兵防守的"非军事区"，依然依据1953年的停火协议，维系着朝鲜半岛的和平。各方一直都没签署和平条约，因此从技术上而言，朝鲜半岛仍处于战争状态。

---

* 哈米特因为拒绝在美国国会作证指认美国共产党员而被判刑坐牢，不仅被好莱坞列入黑名单，作品也被列为禁书。——编者

各种百科全书都说，涉入这场长达3年之久的冲突的国家中，总共有超过400万人伤亡，其中至少200万人是平民——百分比比第二次世界大战或越战都高。美国共有36940人在朝鲜战场上丧失性命，其中33665人阵亡，另3275人因非敌对原因死亡；还有92134名美国人在作战中受伤；事隔数十年仍有8176人被列为失踪者。韩国有1312836人伤亡，其中死者415004人。其他联合国盟军的伤亡合计16532人，其中死者3094人。估计北朝鲜伤亡达200万人，包括约100万平民及约52万名士兵。另外估计中国方面也有90万名士兵在战斗中丧生。[34]

记者们说，华盛顿方面对战争结束的反应是，大家"集体耸耸肩"。电视台摄影记者在纽约时报广场看到逛街的民众被好说歹说凑起来欢呼和平的终于来临，而街上的人并不多，因为地下铁车资刚涨价为一角五分。次日，艾奥瓦州法院裁定，韩国根本不处于战争状态，因为美国国会从来没有宣示战争的存在。

我们应当记住，这是一场内战[35]。有位英国外交官曾经说："每个国家都有权力打它的玫瑰战争。"真正的悲剧不在战争本身，因为纯粹朝鲜人之间的内战或许可解决因殖民统治、国家分裂和外国干预所带来的紧张状态，悲剧在于这场战争什么问题也没有解决，只是恢复了原先的状况，并且只靠停火来维系和平。

第二章

牢记历史的一方

> 被枪杀、刀刺甚或痛殴而死的鬼魂,
> 被天上飞机炸死的鬼魂,
> 被篷车、坦克、卡车或火车撞死的鬼魂……
> 鬼魂依然怀恨,鬼魂远离家园,
> 徘徊的鬼魂,都有它本身的际遇故事……
>
> ——黄皙暎

2007年4月25日,《纽约时报》刊登了一张朝鲜士兵在平壤庆祝建军65周年纪念日踢正步的照片。《纽约时报》指出朝鲜政府在1948年才建立,但没有其他详细信息。另一篇文章则报道日本首相安倍晋三抵达华盛顿,拜会小布什总统。这篇报道以及安倍上台以来我所读到的新闻中,都没提到日本和北朝鲜两者的关联。安倍是战后曾担任日本首相的甲级战犯岸信介的外孙,岸信介1930年代还在"满洲国"担任过"实业部"高级官员。

最近另一位首相麻生太郎,也和日本帝国有直接关系。他是一个富有的矿业公司家族的后代,其家族公司在战时曾雇用数千名朝鲜人强制劳动,以对待工人残暴及工作环境恶劣出名。同盟国战俘(主要为澳大利亚人及英国人）也曾被迫替该公司工作。麻生是吉田茂首相的外孙，其血胤可追溯到明治维新的首脑人物，与岸信介、佐藤荣作（另一位首相。编按：岸信介的亲弟弟）、安倍晋三，乃至天皇家族都有姻亲关系。[1] 如果说朝鲜民主主义人民共和国以世袭共产主义为特色，战后日本乃是世袭民主政制——经常有七八成国会议员是继承父祖的议席或出身于政治世家。当安倍或麻生这样的人在日本当家掌权时，平壤就会记起别人不知道或已遗忘的事情：他们的家系。

　　我们很难再夸大朝鲜领导人天生的独尊意识，但也只有日本自由民主党右翼的自大堪可比拟。2008年，日本航空自卫队幕僚长田母神俊雄——人人皆知和安倍晋三关系很近的一名将领——发表了一篇可以替它拟题为《我对于1895年以来日本历次战争所想说又不敢说的告白》的文章。田母神和许多日本精英一样，是死不悔改、依然深信日本殖民使命的神圣以及日本和中国、美国的战争合乎正义的将领。他声称，1937年，日本被受到共产国际操纵的蒋介石所诱，踏入中日战争；克里姆林宫的间谍（如哈利·狄克斯特·怀特）在华盛顿搞阴谋，使美国介入第二次世界大战（因此，"日本是被卷进战争的"）；罗斯福被骗了，因为他"不晓得共产主义可怕的本质"。田母神赞扬"金锡源大佐"率领1000名日本军人，"击败了来自中国的大军。中国曾是朝鲜的宗主国，欺凌朝鲜已有数百年之久。他因军功得到天皇授勋"。[2] 田母神不仅赞扬朝鲜民族的本尼迪克特·阿诺德（Benedict Anold）[*]，在朝鲜人的伤口上撒盐，还公然呛声表态，使得首相别无选择，不得不将他解职（2008年10月31日）。可是他的文章依然得到由一个大型旅馆业者赞助的论文比赛的头奖，奖金3万美元。[**]

---

[*] 本尼迪克特·阿诺德参加了美国独立战争，但于1780年投靠英军，受封为准将，此后他的名字等同叛国之义。——译者

[**] 这篇名为《日本是侵略国家吗？》的论文，参加由地产开发商、建筑商与连锁商务旅馆APA集团所主办的"真实的近现代史观"征文比赛，获得第一届最优秀藤诚志奖。——编者

至于安倍晋三，他选在2007年3月1日宣布，"没有证据"可以证明在太平洋战争期间有任何女子被"强制"招募担任"慰安妇"。他进一步说明，这是指"最狭义的强制"；接下来一连多日，他又努力就此一难以理解的差异做澄清、解释，最后终于在2007年3月26日"道歉"——不过从未收回原先的说法。他说，"我现在在此道歉"，但没说出是为了什么道歉，然后又说："我对这些慰安妇表示同情，也为她们所处的情境道歉。"³安倍是向他那些死去的战友表态效忠：因为前慰安妇经常说，士兵会清理干净，穿好衣服，向她们尴尬地道歉才离去。

日本的历史学家数十年来已有若干文章谈论到慰安妇制度，但他们一再被当局告知，不存在相关的档案文件。1992年，历史学者吉见义明走进一座军事图书馆，赫然发现书架上有许多这一类文件。他在1995年出版的专书《慰安妇："二战"期间日本军中的性奴隶》现在已是标准参考书；他的发现也直接促成了外相河野洋平1993年的道歉，承认许多慰安妇是通过巧言哄诱和"恫吓"，在"违反其意志"的情况下招募的。（安倍则根本否定这段声明。）吉见博士和其他历史学者认定，在这套制度完全建立前，有5万至20万名妇女被纳入系统，其中绝大多数是朝鲜人。当然，有许多人以为是应征一般工作而被诱骗加入，之后又受迫成为性奴隶的。⁴

我们很难想象还有哪个现代国家的军队会有比这更逾越、践踏人权的行为，如此猖狂地蹂躏他们轻蔑的民族之女性的生命和尊严。韩国本身有重视女子贞洁的传统，他们给女婴命名，大家闺秀出门得从头到脚包得密密实实，女子要深居简出等习俗都显示了妇人生活的安静恬适。但是，过去一百年间，数以百万计的外国士兵侵扰了韩国妇女。邵莎拉（Sarah Soh）指出，慰安妇的实际人数约5万人（依然是很恐怖的数字），第一个有记录可考的慰安所于1932年至1933年间在满洲成立，到了1938年已有三四万名妇女，"主要为朝鲜人"，在中国被纳入这个体系。她的书也详细指出，日本军中妓院的许多淫媒——超过半数——事实上是朝鲜人。[5] 朝鲜男子亦大量加入日本军队，但少数是志愿入伍，大多数是被征召当兵。"二战"期间，日本陆军中约有187000名朝鲜士兵，海军中也有22000人左右——他们也会上慰安所。后来，韩国军方在朝鲜战争期间也成立了类似的慰安所，有时候用的是从北朝鲜绑架来的女子。[6] 许多慰安妇的人生此后就彻底毁了，她们不敢回家，因此别无选择，只好继续在日本本土、冲绳、韩国、菲律宾等地的美军基地旁暗无天日的妓院里工作。

安倍晋三所谓的"狭义的强制"指的是军官没有踢开门户，揪住少女头发拉走——但安倍后来承认，它是"广义的强制"，民间中介人、殖民者的走狗、说谎的老鸨或生意人谎称有工厂差事，诱骗年轻女子误入歧途（最初往往遭到强暴，尤其受骗者是处子之身的话）。如果安倍稍能设身处地为这些女子想一想，她们被迫每天要接客四五十人次，经年累月被当囚犯看管，勉强糊口生活，他就应该跪伏在地，请求原谅。关于这个题目的研究，大多来自女性学者的努力，它们阐释了在东亚导致女性走上从娼之路的不幸际遇、家庭变故和偶然堕落。[7] 当然，只有少数慰安妇原本就是妓女，而且也有许多人是在"狭义的强迫"之下被迫成为慰安妇的：朝鲜乡村里的豪族会告诉日本官员和朝鲜警察到村子里的哪个穷人家寻找漂亮的年轻女子，拿送她上学或工作为借口加以诱骗，或直接就拖上卡车拉走。

安倍首相笨拙的、懦夫般的表演选在韩国的一个国定假日上演——它是韩国人纪念全民起义反对日本自1919年3月1日起进行殖民统治的日子。日本亦选在1932年3月1日扶植成立"满洲国"。特莎·莫里斯－铃木写道：你不妨想象这一幕如果搬到德国上演，由克虏伯*扮演

---

* 克虏伯是一家具有三百多年历史的德国钢铁厂，第二次世界大战期间是希特勒倚重的军火工厂，大量使用战俘及被占领国人民为其奴工，斯拉夫人及犹太人尤其备受虐待。战后，其东主被盟国列为战犯惩处。

这位犯错的领袖会是怎样的景况。[8]

美国人不应该自以为堪可告慰，觉得自己和这件事毫不相干，或是指责日本人和德国人一比，实在太差劲了（德国人已选择承认历史，真心弥补错误）。我们美国人规划了单方面占领日本、提供给日本相当柔性的和平、不去赔偿其近邻的战争损失，还让岸信介之流重返政坛。（赫伯特·毕克斯在他的得奖名著《裕仁天皇与现代日本之形成》[*]中对此颇多着墨。）美国人有时候似乎也忘记了令朝鲜人依然揪心的帝国伤痕，而那个伤痛直到今天仍影响着朝日关系。

起源与开端

大家都知道尼采曾经质问过人间事件的起源——追寻起源必须在时间方面往回追溯，又需不断做修正——但他并没说，从来没有起源。他的《道德的谱系》的开端是《圣经》及其后两千年来对其思想的解读（或误解）。朝鲜战争开端于1931年至1932年，即日军侵略中国东三省，并建立傀儡政权"满洲国"之时。日本人很快就面临一支包括了游击队、秘密帮会和土匪的巨大杂牌军的抵抗，其中朝鲜人为数众多。他们也很快找到了极少数肯和他们合作残害这些抗日势力的朝鲜人。到了1930年代中期，化名金日成的一个男子已是著名的、强大的游击队领袖。此时，"满洲国"中央警务总监兼关东军宪兵司令是东条英机。东条在统一一般警察和令人不寒而栗的宪兵队的过程中扮演了关键角色。（当日本攻击珍珠港时，东条已贵为首相兼陆军大臣，后来在麦克阿瑟率领美军占领日本时，以战犯罪名被判死刑。）追缉、杀害朝鲜及中国抗日游

---

[*] 哈佛大学教授毕克斯撰述的这本书，获得2000年普利策历史类著作奖。本书对裕仁的养成教育分析深入，运用新史料揭露他对日本军国主义者的曲意呵护以及美国为何不追究裕仁战争责任的内情。

击队的朝鲜人当中,即有一位是受田母神俊雄推许的英雄金锡源,他在1949年夏天是驻守三八线的司令官(当然是韩国这一方)。⁹ 满洲这个大坩锅产生了战后朝鲜半岛两个最重要的领导人(金日成、朴正熙)以及战后日本若干重要领导人(例如岸信介,他不仅负责"满洲国"时代的产业开发,后来还在1950年代中期和椎名悦三郎等人组成自民党的主流,从而形成长久以来日本独特的一党民主政制的核心)。¹⁰

在北朝鲜人心目中,介意的不是日本人,而是朝鲜卖国贼,这些人才是不共戴天之敌。北朝鲜人基本上把1950年的战争看成是消灭韩国军队高层的方法——他们几乎全都替日本人效过命。朝鲜战争期间,美国人根本不知道这一点,等到知道了,也不觉得有什么了不得,因为此时日本已是盟国。然而,重点不在于我们觉得这件事重要与否,重点是北朝鲜人怎么想。日本从1910年至1945年占领朝鲜之事,就犹如纳粹占领法国,深铸人心,是朝鲜民族意识中磨灭不掉的记忆。

金日成1932年春天即在中国东北展开抗日运动,他的继承人把一切都追溯到这个源头。在把各种名号——共产主义、民族主义、"流氓国家"、"邪恶轴心"——加在这个政权上时,不要忘记最重要的一点,它是反日的实体。它的国家论述从早期的抗日讲起,由老一辈的精英灌输到全国百姓的头脑里,一路讲到今天。老一辈的精英认为,比他们年轻的人都不可能了解1930年代抗日或1950年代反美(当时美国与日本同盟,并利用了全日本各地的基地)的意义。如果你把深铸人心的儒家的父权制及孝道,和1950年朝鲜战争开始以来即有感知力的人民结合起来,你就可以多少了解为什么北朝鲜在过去几十年里高层的变化极小,以及它极不可能在这群精英退下舞台之前发生剧烈改变。2009年,北朝鲜级别最高的20个领导人的平均年龄为75岁。2000年,级别最高的40个领导人当中,只有一人年龄不满60岁,他就是金正日。这个政制从1932年持续至今,构成北朝鲜不容偏离的最重要法统。黛安·索耶（Diane Sawyer）曾在2006年底带着美国广播公司的一组人马到北朝鲜采访非军事区北边的司令官李赞福。当她甜甜地问，将军，你在这里有多久啦？他回答："40年啦！"让她大吃一惊——打从农历春节攻势（Tet offensive）实质上终结了美国在越战的努力那一年起，他就已经每天起床翻阅有关敌军的战场报告了。*

数十年来，韩国情报机关放话说，金日成是个骗子，是苏联的跟班儿，僭取了另一位朝鲜著名爱国志士的名字。放出这个烟幕的真正原因乃是一个可悲的事实：韩国本身的许多领导人曾为日本人效劳。（你不妨想想这种不一致：确曾有位金日成英勇抗日，即使他是另一个人——请问你会如何？）这个传闻很快就和真相对冲了；因此，当研究朝鲜共产主义的知名学者徐大肃终于获准于1989年向汉城一群年轻听众解说真实故事时，大家一听金日成事实上是抗日英雄，纷纷鼓掌。与此同时，北朝鲜则给金日成可敬的记录上添加了许多神话和溢美之词。事实真相其实是在韩国几个前朝政府的拼命说谎和北朝鲜的夸张这两者之间。

1930年代初期开始出现两个朝鲜：一个出自双方互不相让的、不间断的暴力斗争，在"满洲国"所经历的现实淬炼出了北朝鲜领导人的精神；另一个则是都会中产阶级的萌芽，人们不是呼应着抗日的号角前进，而是走向和信百货店、电影院、随处可见的酒吧茶室等舒适的空间。姜敬爱1934年的小说《人间问题》就巧妙地捕捉到了这段时期内朝鲜的诸多变化：75%的人民依然以务农维生，而刚萌芽的劳动阶级则与一小撮中产阶级在汉城街头打拼。[11] 姜敬爱是位作家，也是"新女性"的杰出代表人物，一度想到中国东北加入抗日游击队。她后来和数百名青

---

* 1968年1月30日，农历新年，北越正规军及越共游击队打破停火两天的协议，针对包含首都西贡、旧京顺化在内的南越全境一百多个城镇的军民设施发动突袭。美方原本评估共产党方面已无力抵抗，不料这场全面总攻势虽然使共方损失惨重，却打垮了美军士气，全美反战风潮暴起。驻越南美军司令威斯特摩兰（William Westmoreland）将军于6月去职。3月31日，约翰逊总统亦宣布美军将逐步撤出越南，并且放弃竞选连任。

年女性进入仁川一家新设的纺织工厂工作。姜敬爱以她锐利并具有批判性的敏感描述了都会现代化的来临、"现代男孩"和"现代女孩"的苦闷；她把愤怒指向了朝鲜女性的悲惨生活，嘲讽"枯萎的知识分子大言皇皇，却没有行动"。她写道，即使他们站出来讲了话，被捕入狱，最后也会在日本人"晓以大义"之下幡然悔悟，得以脱身。更早世代的朝鲜女性都无法有她这样的经验——布莱希特般的经验。*

《采取的措施》

> 你的报告告诉我们若要改造世界需要什么：
> 愤怒和坚忍不拔、知识和义愤填膺
> 敏捷的行动、极大的审慎
> 冷静的忍耐、无尽的坚持
> 理解个体、理解整体：
> 唯有以事实为师
> 事实才可以改变
>
> ——贝尔托·布莱希特

贝尔托·布莱希特这部 1931 年的剧本一开头就说："即使在那个国家，革命也在进行。当地的战士也有良好的组织。我们认同采取的措施。"他叙述莫斯科派出共产党鼓动者前往中国东北，去和压迫者作战。但是，鼓动者也杀害了一位同志。（"我们枪毙了他，然后把他丢进石灰坑。"）为什么？"因为他危害了组织。"故事由此开启，而以上面引用的几行做

---

* 姜敬爱 1907 年生于黄海道的一个破碎家庭。1931 年她与一个共产党员结婚，前往中国东北，开始了 7 年的写作生涯，后因担任《朝鲜日报》主编而中止小说写作。1944 年因长期操劳过世。

终结。[12] 和《安提戈涅》一样，被干掉的同志也丢进坑洞。像索福克勒斯一样，布莱希特也把读者丢进权力和正义的大旋涡里。"采取的措施"究竟是对还是错？他不像索福克勒斯，没有做出确切的评断。每天晚上《采取的措施》上演时，他把两难丢给演员和观众去决定。*

布莱希特没办法预见到他的剧情在几个月之后竟然成了事实，朝鲜的鼓动者揭竿而起反抗新成立的傀儡政权"满洲国"。他们发现自己身陷无情的土豪劣绅布下的罗网，这些人中有朝鲜移民，也有对他们怀抱种族仇恨的中国地方豪强，这使他们每天沦于生死存亡的边缘。布莱希特的剧本显然和《安提戈涅》完全相反：不仅不是合理化个人反抗国家，还得采取一切措施——即使必须牺牲个人——以确保革命胜利。这不是他的本意——他要的是观众自己去和可怕的两难格斗：究竟要采取革命行动，还是每天陷于暴乱的极端情境；是让希特勒崛起掌权、任何自由选择皆不复存在，还是换由共产党革命。

这种在左右两个极端之间被迫选择的政治情境，正是经济大萧条时期大部分欧洲和东亚地区所面临的状况，而朝鲜领导人正是在这种情境下成长起来的。朝鲜的抗日者面对着强大的军国主义者，很快得出结论：武力斗争是他们唯一可行的选择。将近80年之后，这种情境依然存在，他们依然面对着日本军国主义（及美国强权）。但是这些在太平洋战争中某个不起眼的角落里的几乎无人知晓的斗争中形成的久远的起源，正是美国领导人持续低估他们在平壤当家的敌人之关键因素。

长年以来，日本人在教科书中建立了以一切必要手段打击叛乱的典型案例，而朝鲜人则建立了"游击队国家"（guerrilla state）的核心，然

---

* 贝尔托·布莱希特是德国剧作家，1933 年为躲避希特勒的迫害，避居北欧，再经苏联前往美国。冷战期间，遭美国众议院非美活动委员会调查是否为共产党员。布莱希特在作证后即离开美国，返回东德。他的作品引用了希腊悲剧作家索福克勒斯公元前 442 年的作品《安提戈涅》。俄狄浦斯的女儿安提戈涅不顾国王克里翁之命，安葬了反叛城邦的兄长波吕尼克斯的尸身而被国王处死。后来安提戈涅被形容成为维护神权 / 自然法而不向世俗权势低头的伟大女英雄形象。

第二章　牢记历史的一方　｜　035

后在日本败于美国的灰烬中起而掌握政权。日本的反叛乱做法有个假设的前提：要利用天候、地形和果决的残暴手段来分隔游击队和农民，并以严刑拷问和思想控制来荼毒和摧毁他们的意志。冬天使得优势转向镇压势力。有位日本前军官说，冬天使得游击队固定不动，反叛乱部队则可以行动；游击队躲到冬天庇护所里，而部队会来搜索，予以烧毁。几乎不可能重建，"因为一切东西都冰冻了"。冰天雪地使得游击队得不到树林的保护，无法不担心活动被侦测到。日军以军事包围和封锁孤立游击队基地，阻止粮食和武器的补给。大部队在山区及平地田野和村庄之间建立起封锁线，小规模的搜索扫荡部队则进入山区，通常借由雪地足迹找到游击队的下落。[13]

日本军队竭尽全力斩断游击队和他们所藏身的群众之间的连结：屠杀涉嫌与游击队合作的农民（数以百万计的中国人死于"杀光、烧光、抢光"的"三光政策"），把大批人民集中迁移到村子里居住，捉来的游击队非杀即予以感化。日本反叛乱专家告诉美国人，由于游击队和农民之间关系密切，"必须清除半土匪"。[14] 谁是"半土匪"？不肯举报游击队或不肯纳税而支持游击队的农民即是；换句话说，农村里几乎人人皆是。日本用与他们合作的人组建"白色细胞"，以对抗游击队的"红色细胞"。游击队员一旦被抓，不是枪毙就是予以严格的"思想改造"；改造成功者即出任反共团体或所谓推动日朝团结的亲善协会之领导人或成员。[15] 当哈尔滨从事细菌战研究的日本731部队需要更多活体实验对象时，他们就打电话到当地监狱，要求"再送些共产党过来"。

由于韩国、中国、日本和苏联新文件的出现，加上年轻一代历史学者的努力和开放心态，近年来的学术研究已显示：挺身反抗日本占领满洲——清朝（1644年至1911年）统治者龙兴之地——的人中，朝鲜人占了多数。1930年代初期,光是居住在间岛的朝鲜人就已有50万人之多。间岛长久以来即是中国边境上一个朝鲜移民的辖区，自从1949年以来更是中华人民共和国的一个朝鲜族自治州（译按：吉林省延边朝鲜族自治州）。大多数朝鲜人迁移到间岛，是为了躲避日本人的压迫，不过有些早期的移民也因在中国东北开垦沃土而发财致富，以致传闻都说农家移民至此地，收入至少增加两三倍。整体而言，这些朝鲜人很穷，且极其痛恨日本殖民者。1945年，据美国情报单位估计，在中国东北近两百万的朝鲜人当中，95%反日，只有5%同情日本、与日本人合作。日本官员认为他们在朝鲜的殖民统治可作为中国东北的样板，鼓励朝鲜盟友相信如果他们协助殖民"满洲国"，朝鲜本身或许就更接近独立。

鉴于日本殖民统治一向以经济开发和高压手段双管齐下、软硬兼施，和日本有某种程度的合作是无可避免的。尤其是在殖民统治的最后十年，日本在亚洲到处扩张，导致整个帝国专家及专业人才不足。有野心的朝鲜人在这个最受压迫的时机点上——朝鲜人奉令不得再讲朝鲜话，还得更改姓氏，数以百万计的朝鲜人被日本人奴役——发现了晋升机会。朝鲜人构成了令人痛恨的国家警察厅半数的警力，年轻的朝鲜军官加入在满洲的日本军队。亲日的贵族获颁特殊头衔，有些早期的伟大民族主义者和知识分子，如李光洙，更是跳出来公开支持日本帝国。如果说与日本人的合作不可避免，其规模过大则不是不能避免。由于此事在韩国也没有受到全面、坦率的辩论或惩处，使得问题到了2004年又趋恶化，韩国政府才终于对与日本合作一事进行正式调查——估计1990年之前的韩国精英中有高达九成的家族曾与日本人合作过。

日军1932年4月在间岛首次发动针对游击队的重大攻势，任何人如被指是"共产党"或协助共产党，杀无赦，许多受害人是无辜的农民。北朝鲜说有25000人死亡，或许过甚其辞，但这绝对是不光彩的大屠杀。这个经验成为北朝鲜最著名的歌剧《血海》[16]的来源，而它发生在因为大萧条、世界经济崩溃造成农民生活水平骤降之际。如果拿出一元美钞来，你会看到华盛顿的肖像；若是拿出北朝鲜钞票，你则会看到《血海》

中的女英雄。你也会在平壤大饭店巨型的磁砖墙面上以及北朝鲜许多纪念性地标处看到她。

"满洲"起家

金日成在1932年春天组织了他的第一支游击部队，但直到1933年9月中国领导人对东宁发动不寻常的大攻击，由金日成率领两个连的朝鲜游击队助阵时，他才崭露头角。依据韩洪九教授的估计，到1930年代末期，金日成已经"是东满朝鲜共产党人的领袖，声望、地位都很高"。徐大肃写道："1938年和1939年，金日成一直都在南满及东南满作战。关于他的活动有许多记载，如1938年4月26日袭击六道沟，以及1939年5月再度打进朝鲜。"[17]

他并不是孤军奋斗，也和其他游击队领袖如崔庸健（朝鲜战争爆发时担任北朝鲜国防部长）、金策、崔贤等人合作。金日成也因日本报纸报道他和日本人雇来追剿他的朝鲜鹰犬如金锡源大佐之间的斗争而名声大噪；此时的金锡源取日本名字金山锡源，直接向日本皇军"金特遣队"指挥官野副昌德将军负责。金锡源最大的功绩是在1940年2月杀死了著名的中国游击队领袖杨靖宇，杨曾是金日成的亲密同志。4月间，野副的部队抓到了据信是金日成元配妻子的金惠顺*；日本人想利用她诱金日成现身不果，就把她杀了。[18] 前田武市率领着另一支日本特警队，其中有不少朝鲜人，于1940年初亦花了好几个月工夫努力追剿金日成的游击队。前田的特警队终于追到了金日成，金日成的游击队于1940年3月13日对他们发动攻击。双方皆有伤亡之后，金日成决定放走战俘，

---

* 金日成正式记录的第一任妻子金正淑，金正日生母，1949年死于难产；但他在满洲抗日时早已娶妻，即这位遭日军逮捕杀害的金惠顺。

以便部队迅速活动；前田穷追近两个星期，后来在3月25日落入一个陷阱。金日成投入250名游击队员，袭击前田的150人部队，把他们击败。此役，前田、58名日本人和附属的17人阵亡，金日成另俘虏了13人，夺取了大量武器和弹药。

1939年9月，希特勒进犯波兰、发动第二次世界大战那个月，日本人发动了"大规模的剿匪作战"，动员关东军6个营、"满洲国"2万大军及警力，以6个月时间全力对付游击队，其重要目标就是金日成和崔贤的部队。1940年9月，日本又动员更大兵力追剿中国及朝鲜游击队：

> 剿匪之役进行了1年又8个月，直到1941年3月，除了金日成所部，其余全部被歼灭。土匪首脑遭击毙或被迫投降。[19]

换句话说，大规模"反叛乱"作战进行了两年，直到德军猛烈进袭苏联前夕。到了1940年7月，金日成的部队已增加到340名战士，又成为野副特遣队的追剿对象。不久，他的许多同志纷纷被杀，金日成被迫化为"小单位"作战。[20]数千名游击队惨遭歼灭，为日本人1931年"满洲事件"（译按：即"九一八"事变）以来杀害的约20万名游击队员、共产党员、帮会分子和土匪中又增添了一些冤魂。

海外朝鲜侨民的不团结 —— 一般农民想的是生计，商人想创业，有人则与日本人合作，而抗日群体则由共产党、民族主义者、土匪等组成——使得金日成坚信：团结至上，必须竭尽全力维护团结（他把布莱希特的话当真）。从此以后，北朝鲜领导人推动全面性的政治：不得有异议分子，不得有政治替代方案。几乎从掌权开始，他们就让重要的游击领袖负责一切事务（例如，崔庸健被立为北朝鲜基督教民主党党魁）。不论外人觉得有多遗憾，这就是1930年代以来北朝鲜政治的核心要素。对他们来讲，政治手段和目的的两难，是因和日本或美国的交战决定的。

布莱希特曾说:"万事莫如学会残忍地思考来得重要。残忍的思考是伟人的思考。"他所写的危急情境亦然,朝鲜人是在残忍、不自由、凶险的情境下作战的。

金日成、金策、崔贤、崔庸健和大约另两百名北朝鲜的重要领导人很幸运,没死在血染"满洲国"山区的无情战斗中。1945年,这些游击队员回到平壤,掌握政权,并以典型的朝鲜方式互相通婚、生育子女、送子女上精英学校。他们的后代正是北朝鲜今天的当权派。尽管平壤不断颂扬"圣教",但金日成确在抗日运动中具有毫无瑕疵的系谱:他的父亲于1924年参与反日活动,被捕入狱,两年后出狱,不久即亡故;金日成的大弟弟金哲柱据说于1935年在"满洲国"被日本人逮捕,死时年仅20岁;金日成的大舅父康晋锡1924年被捕,服刑13年才获得自由。北朝鲜有数以百计类似的家庭故事。后来成为朝鲜人民军次帅的朱道日,有位兄弟在日军清乡时丧生,另两位手足打游击,在战场上牺牲,而他的母亲则被困在一处遭封锁的游击队基地里活活饿死。李午成(译音)的父亲虽然负责粮食供应,却饿死在一个游击队基地里。李的妹夫被枪毙,两个妹妹都是他的游击队员,也都饿死了。李本身营养极其不良,发育一直不良。1971年,李晋任朝鲜人民军中将,出任万景台革命学院院长,学院的前身是1947年成立的革命烈士子弟学校,当时收容了数百名孤儿。朝鲜战争的战祸使得数千名儿童进入这所无父无母者的家,日后又晋升为领导人。这是北朝鲜权力精英的中央教育机构,也是打造在两次战火灰烬中建立起来的"家族国家"之坩锅。

这群精英最注重的是拥有一支强大的军队,和他们在1930年代所欠缺的全套军事装备。1948年2月8日朝鲜人民军建军当天(多年之后他们把建军节改为1932年4月25日),这个戒备森严的国家充分表露了他们的基本特征。当天只挂金日成肖像,而不是斯大林和金日成肖像并列。金日成的演说强调国家需要独立建设自己的军队:"我们朝鲜人民随时随地都必须掌握住自己的命运，必须做好计划和准备，建立一个完全自主的独立国家，唯有我们才是主人，而且政府要靠自己的手团结起来。"他说，朝鲜人民军在满洲游击作战中茁壮成长，有"百战百胜"的传统。他没有提到苏联协助建立朝鲜人民军的事。[21] 一年之后的建军一周年纪念日，金日成首次被称为"首领"（suryong）——在古代高句丽指的是"最高领袖"或"伟大领袖"；在此之前只有斯大林享有这个称号。在当时的共产党阵营中，这完全是离经叛道的做法，但它从此成为金日成的头衔，直到他1994年去世。

苏联与金日成

1991年苏联解体后出现了一张金日成身穿苏联制服、胸前佩挂勋章的照片。金日成和胡志明一样，曾经有过一段下落不明的"黑暗时期"，他在1941年至1945年间销声匿迹。当一些坚实的证据终于出现，证实这和莫斯科明显有关时，它又不时受到各方的掩饰。[22] 以我的解读，这个信息从来没被拿来和我们早已知道的事实——例如，苏联异议人士罗伊·麦德韦杰夫（Roy Medvedev）的作品做比对。麦德韦杰夫指出，斯大林1930年代末期下令把共产国际里的朝鲜代表统统枪毙掉，并且进行大迁徙，把约20万名朝鲜人从苏联远东徙置到哈萨克斯坦和乌兹别克斯坦（其中数万人在此一迫迁过程中送掉了性命）[23]。这两个动作都出于种族主义原因，认定他们可能替日本人做特务，受到日本人影响，或整体而言靠不住——还有一个更荒谬的理由：朝鲜人或日本人，很难分清楚。金日成和苏联的关系平平，甚至可说不是很平顺。[24]

安德瑞·兰可夫（Andrei Lankov）已根据苏联内部材料证明，莫斯科1945年8月占领朝鲜半岛北部时，并没有"清晰的计划或事先确定的行动方向",一连好几个月都是即兴操作、见机行事,而且莫斯科当局也很少下达指示。金日成并非俄国人钦点的人,许多个月下来,在苏联人心目中,他的地位都不如民族主义派领袖曹晚植:金日成将在曹晚植领导的临时政府中担任国防部长。到了1946年2月,金日成跃居权力结构的顶端,以兰可夫的话来说,"几乎是出于意外"。[25] 然而,即使斯大林钦点金日成,册封他在平壤当忠仆,也不会太令人惊讶,因为斯大林在东欧各国的做法无不如此。但是,若不是美国找出过去30年一直流亡在美国的李承晚,赶紧送他回国,恐怕金日成就不会迅速被册封了。美国战时情报机关"战略服务处"把李承晚送回汉城,目的有二:一、抢在其他流亡领袖回国之前先赶到;二、终结国务院对李承晚的不满——李承晚因自称是一个从来没治理过朝鲜的"韩国临时政府"的"全权代表"而得罪了美国国务院。[26]

第三章

遗忘历史的一方

> 人类……用自己的身体顶住来自过去的越来越大的压力；它推倒他，使他倾跌，它仿佛黑暗、无形的重担阻滞他的行动。
>
> ——尼采

这种事很奇妙：那一瞬间，即现即逝，可是随即又"像幽灵般回归"——然后，"这人说，'我记得了'，并羡慕起动物来"。牛群在田野上吃草、徜徉，它们活在当下，它们不会掩饰，它们只能诚实。孩童在树篱间游玩，也一样浑然不觉过去和现在。但是，他的游戏将会中断，他终于会了解"过去"（it was）这个词。It was——"造成人冲突、痛苦、满足和成就的词"——因此"提醒他，他存在的本质是什么——绝对成不了完成式的未完成式"。[1]

古斯塔夫·梅林克（Gustav Meyrink）写道："知识和记忆是一体的。"[2] 士兵们知道79号高地战役，也记得它，但梅林克未必。知识当然涉及记忆，但记忆也有历史。它们来来去去，通常我们未察觉它们从何处来——或往何处去；它们并不是固定不动的，它们会变、会演进，它们会独立于思索而突变。短暂的和实质的错位、移置、来回摆荡、前后移动、信心、慌张、经验的得来和失去——人类的记忆只是对动荡不定的生活体验的简要回顾。福柯的推理遵循了尼采的起源不可追和人类意识不连续发展的思路——人类取得经验、遗忘、掩饰、记起、压抑、以一段记忆抹杀另一段记忆——以一种不稳定的进展走向整合、记住和智慧的宁静心灵。记忆通过以前的了解和诠释的"冲积层"来到我们的脑子里。人类经验了历史,把它放进记忆,然后重写它,以符合自己的需要——尤其是个人参与犯罪共谋会有曝光之虞时。这种塑造的力量以压抑为代价来保持心理的平和,但它也是一种积极的特质——按蒂娜·罗森堡的说法,是"创造力的表征和物种的智巧"。可是,人类极尽努力要保持"这个主体的最高主权",也就是一个有头有尾、有中间过程的生命叙事。³

记住,或信守诺言,它的相对面就是遗忘。尼采说,它"使我们可以暂时关闭意识的门窗",作为一种积极的本能,遗忘"像个守门员,或心理秩序、沉静和礼节的维护人"。人类需要遗忘,就和需要它的相对物——记忆——一样,这是一种意志行为;它要求人"能思考因果关系",去估算、去反省、去预期——这是关于"责任的起源的冗长故事"。能负责任就是认真处理记忆。遗忘也是一种意志行为,"一种积极的、严格说来还是正向的压抑本能"。我们人类软弱;我们需要遗忘。然而,人们会记住"烙印"进去的东西;只有"不停地引起伤痛的,才会留在记忆里"——痛苦是帮助记忆的最强有力的东西。弗吉尼亚·伍尔芙也有同样的见解:创伤带来记忆,"一种回忆的地下泉流"。⁴ 本质上,这就是为什么韩国人记住了朝鲜战争而美国人却会遗忘的原因。

和现代史上任何一场战争相比,朝鲜战争周围包裹着更多记忆的残片和滑脱物。第一次世界大战,在"现代记忆"中无法磨灭,它那毁灭性的暴力永久提醒我们记住战争的屠戮。第二次世界大战是一场好战争,是值得庆祝的大胜利。越战撕裂了美国。至于说到朝鲜战争,则是缺席胜过在场,因此美国人才给予它"被遗忘的战争"这个名称。朝鲜战争退伍军人觉得被忽视、被误解——他们也被遗忘。韩国人经历了可怕的损失、悲剧、痛苦、灾难和无形的重担,内在的否定压倒了他们,使他们专注内心,他们称之为"恨"(han)。北朝鲜人则记得灾劫,平均每户人家至少有一人丧生。这就是记忆——聚焦,把往事烙印下来。

多年来,我不接受"被遗忘的战争"这个说法;"未被了解的战争"(the unknown war)或许更适合。但是,对美国人而言,朝鲜战争两者皆是,既是被遗忘的战争,也是未被了解的战争。战局一稳定下来,战争就开始从意识中消失:就我所知,它第一次被指称为"被遗忘",是1951年5月《美国新闻暨世界报道》有一篇报道以此为标题。[同样,早在1973年,玛莎·盖尔霍恩(Martha Gellhorn,海明威的第三任妻子,作家、记者)就写道:"集体催眠是美国人对越战的反应,而且几乎是即时的反应。"1973年美军撤出越南之后,即使这场突然"被遗忘的战争"还未结束,电视台已以保持"尊重的沉默"来强化遗忘了。[5] 退伍军人也觉得这个称号适合朝鲜战争——依据他们在战场上的痛苦经验,以及他们解甲回乡后受到的无知对待。《安提戈涅》一剧中的合唱团唱道:"现在战争已经结束,忘记战争吧!"但是,如果战争根本未结束,那又怎么能够遗忘呢?

对美国人而言,朝鲜战争只是许多最好遗忘掉的战争之一,因为1945年以来的4场主要战争,我们只赢了一场。朝鲜战争只是我们到第三世界国家进行众多干预中的短暂插曲,不值得细加检验,可它老是回转来困扰我们——好像伊朗或危地马拉一样。面对这些过度的信息和经验,即使是最好奇、最想刨根问底的人,也像"拿到大量无法消化的知识巨石"那样,因此我们宁可把自己所知的放在心里,"像条蛇活活吞下几只兔子,现在躺在阳光下,避免一切不必要的动作"。这种"人性的,太人性的"弱点,实在是一件奇特的、困扰人的事情,因为"我们以为历史会鼓励人们诚实"。[6]

一场内战

美国的"完成式"导致人们全面自动地接受这样的教条,即朝鲜战争是斯大林和金日成在1950年发动、于1953年结束的(根据党派立场,它可以是胜利、僵局或战败)战争,然后它就是一场"被遗忘的战争"。但是让我们假设,我们需要知道的只是开端:甲方金日成在斯大林协助下,于6月25日按下按钮,战争就此展开;我们成功地遏制了他,收复了韩国——乙方。我们还是有一个难解的问题:它和希特勒入侵波兰、东条英机突袭珍珠港或萨达姆·侯赛因攻打科威特不一样,这是朝鲜人进攻韩国。我们要怎么看待它?美国决定"解放"北方之后,于1950年12月陷入可怕的危机当中,这时出现了另一个观点。英国外交官理查德·斯托克斯直觉地点出了个中矛盾。1945年美国片面决定以三八线划分南北朝鲜,"形同邀请此一冲突发生":

> 美国内战期间,美国人绝对不会容忍在南军和北军之间设立一条想象的界线;如果英国代表南方出头,以武力干预,他们会有什么反应,不言而喻。这条界线太接近了,因为在美国,冲突不只是两群美国人之间相争,而是两种相互冲突的经济制度之争。今天的朝鲜也是如此。[7]

自从1950年以来,这一关于内战的比喻就使美国的官方观点——金日成的进犯是国际侵略——的逻辑站不住脚,它的解释也失去了力量。不过,斯托克斯的论据还不止于此:朝鲜战争不仅是内战,也是两种相互冲突的社会和经济制度之间的战争。

斯托克斯说得还真对,这场长久持续的冲突使人看清了战争的基本性质。我们首先需要知道的是：这是一场内战，主要是来自相互冲突的社会制度之下的朝鲜人，为了朝鲜的目标而交战。它打了不止3年，而是从1932年就已开始，并且一直没有终止。1970年代初期，美国人的越战显然已经输了，即使是反共学者亚当·乌拉姆（他在1990年代称朝鲜战争是"斯大林的战争"）也反省说，北朝鲜跨越三八线的进攻，与毛泽东的部队渡过长江、进入华南，并无不同。[8] 我们也可以说，河内的正规军1975年冲出中部高原也是一样：中国和越南的内战都以步兵的推进作结尾——朝鲜半岛也是如此，如果我们认为1950年6月是终结了——而非开启了——长达数十年之久的朝鲜内部冲突的话。

美国人把朝鲜战争局限在1950年6月至1953年7月这段时间内。这样的解释把以前发生的一切都归入前历史，6月25日是原罪，后来发生的一切都属于战后。它也试图划分美国积极介入的时期：1950年6月之前，是李承晚对抗受斯大林和/或毛泽东支持或控制的金日成；1953年7月之后，是李承晚对抗同一批人，他的新生共和国一直受到威胁。这个解释把我们的注意力聚焦在是谁挑起战争这个问题上，预设这个问题的正确答案可为其他所有问题提供答案。这样的强调，遮掩了此前和此后发生的一切，把它们全放到不相干的阴影下。在这种方式下，一个被错误认知、从未被了解的内战就在我们眼前消失了，因为美国人的解释只有美国人才会相信，而美国人的自尊又仍然完整地保存着。美国人所强调的"谁挑起战争"，是一种政治立场、意识形态立场，事关荣誉，这点我们从1950年6月25日华盛顿所发表的官方说法中不难得到理解。

朝鲜战争无论在过去还是现在都是一场内战；只有这个概念可说明为什么在1950年6月之前，韩国就已经死了10万人，以及为什么冲突会延续到今天——尽管有个假设认为，当苏联于1991年覆亡之后，莫斯科在平壤的傀儡一定也会崩溃。因此，我们再来看第一位战争哲学家修昔底德如何评论兄弟阋墙的冲突，就会发现他的话格外发人深省。他书上最著名的一句话，"战争是严厉的老师"，出自柯克拉内战：

> 战争是严厉的老师。革命在一个又一个城市爆发……原本被认为是鲁莽的侵略行为，现在被认为是勇敢的表现；思考未来、静观其变，只是说某人怯懦的另一种说法；任何温和的想法只是企图掩饰不够大丈夫气概；从各方面了解问题的能力，指的是此人完全不适合行动。狂热的激情代表真正的男子汉；背着敌人图谋对付他，是完全正当的自卫。任何具有激烈意见的人，一定值得信赖；任何反对他们的人，都有嫌疑。[9]

这段话不用增删，完全适用于朝鲜半岛的内战。它也说明了为什么朝鲜人从这场战争中所感受到的破坏和伤痛持续不减：从"各方面"了解朝鲜战争，在北朝鲜仍会坐牢，在现在终于民主化了的韩国也恐有杀身之祸。这段话也适用于美国内战，这是美国人打过的战争中伤亡及损失最惨重的一场战争，但它已经发生在许久以前，以至于绝大多数美国人已经不晓得，在自家国土上反复进退交火、手足相残，是什么样的滋味。

噢，真是一场文学战争呀！

这是保罗·福塞尔（Paul Fussell）给第一次世界大战的标题。[10] 从来没有人会这样讲朝鲜战争；如果这场战争存在于美国文学中，它通常只是背景，提供给或许不曾在朝鲜半岛作战的人浏览。这场战争没有出现类似诺曼·梅勒的《裸者与死者》、约瑟夫·海勒的《第二十二条军规》或迈克尔·赫尔（Michael Herr）的《绝望》这样的作品。它不像第二次世界大战战胜或越战战败给人的印象深刻，它对当时的年轻人来说只是"旁敲侧击"——他们知道父辈参加过大战，但他们自己还未经历越战，对于朝鲜战争则是搞不清楚，看不到战争的全貌，而且很快就把它抛开了（如果他们没有参战）。朝鲜战争毕竟过去是，也一直是和1950年代的太平岁月截然不同的时期——1950年代的美国，是几近全面就业的"我爱艾克"的安逸年代，好莱坞推出彩色电影，詹姆斯·迪恩（James Dean）风靡青少年世代，电视上净是《美满家庭》（*The Adventures of Ozzie and Harriet*）这类轻松的家庭娱乐节目，底特律推出了烤漆鲜亮的汽车，车子有像火箭一样的尾翼，玛丽莲·梦露也上了前保险杠——这些东西在1955年之前全都出现了（金里奇曾经说，1955年是美国梦的巅峰）。这股怀旧风令人看不到黑白种族分离、愚蠢的单调一致，当然也看不到朝鲜战争。但是年轻人喜爱这段时期。他们有埃尔维斯·普雷斯利、小理查德和胖子多明诺等艺人陪伴，又对未来充满憧憬——这是战争为何遭到遗忘的又一个原因。

詹姆斯·沙尔特的杰出回忆录《燃烧年代》（*Burning the Days*）曾简略提到在朝鲜的6个月生活——他在第二次世界大战结束时才当上飞行员，因此到了朝鲜服役。他的回忆录或许就是电影《独孤里桥之役》（*The Bridges at Toko-Ri*）之所本。这部电影可能是好莱坞拍的朝鲜战争影片中最有名的——故事大多发生在日本，叙事的轴线是第二次世界大战——独孤里是朝鲜某村庄名字的日语发音。它显示出好莱坞"感受到本身被麦卡锡主义包围"，尽力避免关于这场战争所有的争议。[11]因此，朝鲜这个国家及其人民根本没在沙尔特脑海里留下任何踪迹。他记得寒冬的早上不知名的朝鲜妇女服侍他早餐时喝橘汁、出任务到北朝鲜轰炸以及在东京的泰国浴女郎。"我根本不记得当时任何一场战役的名字，除了范佛里特之外，哪个将军的名字都不记得。"在朝鲜的所见所闻，他藏在自己心里，因为太难讲清楚了——"深挚的情感——比我所知的任何东西都更深——托附在发生的一切事件上"。这是他一生当中"伟大的旅程",青年的燃烧奔放年代,它只是凑巧发生在朝鲜而已。美国人对朝鲜战争的回忆录并不多,而且几乎都遵循独孤里的叙事:朝鲜是个根本弄不明白的梦魇,只盼望能全身而退;日本是文明、美丽的国家,精致的小文化让人钦佩——更不用说日本还有夜总会表演、银座和高尔夫球场。[12]

菲利普·罗斯的《愤怒》起初似乎是重回他在巴克内尔的大学生活,回到他第一本小说《再见,哥伦布》中的地方——中西部。故事主人翁——纽瓦克屠夫的儿子马库斯·梅斯纳——前往克里夫兰附近的韦恩斯堡学院念书。他研究文学,和女生在汽车后座厮混,后来屡次反抗校长,上了校长的黑名单,遭到退学处分,被征兵入伍到韩国作战。罗斯对他经历的朝鲜战争所做的文学表现,不脱当时的修辞和刻板观念:"一大群"中国人、雪。"一波又一波"中国人、雪。"一千名高声喊叫的中国士兵朝着你蜂拥攻来"——还是雪。这场战争究竟是怎么一回事?一团神秘。因此,虽然中国人蜂拥而上、天在下雪,但是罗斯自己"最寒冷的冬天"是1951年韦恩斯堡学院的大风暴:一场游戏失控了,害得他被不公平地退学——而朝鲜战争也在等着他。战争已经简约到"一群又一群中国人",以及"朝鲜中部一座遍布荆棘的山脊上的一些铁丝网",而他的年轻生命已经死亡,他的鬼魂不断思索着父亲——一个单纯的屠夫教诲他的一段话:"一个人平凡、随意甚至戏谑的选择,却以可怕、不可思议的方式,得出极不对称的结果。"

然而,罗斯中断他的叙述,以一段文字来讨论记忆,认为记忆是"无所不包的媒介,使我维持住'自我'",并且成为生命的容器:"谁能够想象有人能够永远记住生命中的每一片刻,且记住最细微的部分?"读者慢慢才发现,罗斯是以死后的角色在叙事——他已经死了,他在回忆生前的种种。"记忆、记忆,又是记忆。"他说得没错,记忆就是一个人的同义词。他的记忆是恒久的；战争则不然——它被湮灭遗忘。

没有哪位美国记者比得上大卫·哈伯斯塔姆（David Halberstam）投注毕生精力、涉猎广泛主题来进行报道写作。从严肃的《出类拔萃的一群》，到在越南战场上勇敢采访，到巨细无遗地书写芝加哥公牛队和新英格兰爱国者队，无所不包。有哪位记者像他如此深入地探讨了他所经历的历史？菲利普·罗斯和丹·狄里洛用虚构类作品来做这些事，但有谁以非虚构作品来做呢？不论是在西贡或在球场，哈伯斯塔姆是唯一的人。我和哈伯斯塔姆见过两次面，第一次是我邀请他到芝加哥大学演讲，第二次是我们以一整个下午畅谈朝鲜战争。他留言说，他正在写一本讨论朝鲜战争的书，希望向我请教。我受宠若惊，打回他曼哈顿住家的电话，竟然是他本人接的！他很亲切、优雅、有活力——不过我们对朝鲜战争的见解并不一致。接下来，就是2007年最寒冷的4月，他在开车前往采访传奇四分卫蒂特尔的途中车祸身亡。一场令人震惊的悲剧性车祸，首次终止了他高中以来以如椽之笔发出的宏声。

虽然朝鲜战争停战是在越战开始之前没几年，但是仿佛两场战争之间隔了一代人之久。你如果在亚马逊网站输入"朝鲜战争"几个字，只剩少数几本书还在发售——通常是退伍军人或军事史家写的。亚马逊网站上有位"埃德蒙·伯克"（Edmund Burke）先生列出了一份"有关朝鲜战争的十大好书"的书目，除了一本之外，全是美国人或西方人写的。唯一的例外是哈金（Ha Jin）写的小说。（韩国人大概不写他们自己的战争。）这些书大多写在数十年前，而且没有任何一本学术作品登上排行榜。[13]你到图书馆的书架上去看，有一排又一排谈论越战的书，而讨论朝鲜战争的只有一两本。哈伯斯塔姆亲自在佛罗里达州基韦斯特（Key West）某公共图书馆做了统计，结果是讨论越战的书有88本，讨论朝鲜战争的只有4本。

我花了好多年做研究，才发现玛丽莲·梦露于朝鲜战争期间出道，绰号"火焰喷射器女郎"（Miss Flame-thrower）。玛格丽特·伯克－怀特替《生活》杂志拍了数百张照片，其中不仅有战争及大兵们，还碰触到了大家不熟悉的南方游击战。直到毕加索死了，我才在他印制精美的讣闻中发现他1951年的作品《朝鲜大屠杀》*有1937年作品《格尔尼卡》的味道。《风流医生俏护士》(M*A*S*H)一直是最热门的电视剧，因为它似乎是以朝鲜为背景，但实际上是在谈越战——它掌握了其中的敏感性。因此，哈伯斯塔姆写出了一本有关朝鲜战争的书，实在了不起。

哈伯斯塔姆第一个说过，如果有人认为泰德·威廉斯1941年0.406的打击率不够棒，你可能就不必和这个人谈论棒球了。不幸的是，《最寒冷的冬天》有太多段落让历史学者有同样的感觉。例如，艾奇逊1950年1月在全国记者俱乐部"严重失言"，把韩国放在他的防卫范围之外，或者说金日成是苏联人和中国人的傀儡，或者说1950年秋天进攻北方是麦克阿瑟的主意，或者说是1950年6月北朝鲜的南进启动了这场冲突。他的书中只出现两个韩国人的名字——李承晚总统和白善烨将军。这位将军在战争停止后，每有著名记者到访，必定自吹自擂。他曾参加日本军队，数十年来与日本战犯笹川良一及形形色色不知悔改的纳粹有密切的伙伴关系。14 哈伯斯塔姆对深刻影响了战后韩国历史的"在朝鲜美陆军司令部军政厅"（1945年至1948年），仅以一句话带过。书里只字不提这场战争中暴虐的屠杀，也不提美军的燃烧弹攻势。他提到朝鲜是"鲸群中的小虾"（从1900年起就有的刻板印象）、一个不重要的国家、一大堆无足轻重的领导人，等等。《最寒冷的冬天》是平凡的美国风情画中最棒的一本：记录战争，却丝毫不见朝鲜或其历史的知识，勉强有两三个韩国人的名字，只专注于美国人的战争经验（这场战争涉及的朝鲜人和中国人可比美国人多出不知凡几），它也没有质疑1950年代对好

---

* 描绘信川郡的平民遭到反共部队屠杀的景象。

人、坏人的刻板印象。

不过,这幅风情画对美国却有强烈的影响,或许美国人潜意识里认为不需要对这场战争有广泛的了解,也或许是霸道地认为著名的分析家只需几句话就能把逻辑交代清楚了。并没有多少作家能够比得上《纽约客》的亨德里克·赫兹伯格对小布什政府及伊拉克、阿富汗战争提供了更佳、更有智慧的建言。他最近说,1945年以来我们参加的5场大战,其中两场是"好战争"——朝鲜战争和波斯湾战争(1991)——因为它们的"起源有正当性","执行得很谨慎"。两者都是为"回应跨过国际边境的武装侵略"而战,在两场战争中,美国领导人都"抗拒了强大的政治压力,不把目标扩大到摧毁及征服发动侵略的政权"。[15] 读者在阅读这本书时,可以自行判断这些原则被贯彻到了什么程度。

艾奇逊在全国记者俱乐部的演讲,绝对不是思虑不周的失言,它反倒是解开了美国战前对朝政策的一些重要层面。为什么他没把韩国纳入他的防卫范围?最好的解答是,艾奇逊"想把美国对韩国的防务承诺加以保密"。[16] 艾奇逊暗示,韩国若受到攻击,美国会把问题提交到联合国安全理事会——腊斯克在战争爆发之前约一年,即1949年7月就向艾奇逊如此秘密建议,而战争爆发后,艾奇逊也的确是这么做的。在这篇演讲之前的许多草稿中,韩国一再地和日本一起被视为美国的直接责任。但是艾奇逊不想公开说出来,以免李承晚胆气大壮地发动战争。也由于这个缘故,他不给韩国坦克和飞机。有趣的是,北朝鲜评论这篇演讲时,仍把韩国纳入(美国的)防卫范围。为什么?因为演讲稿的正式誊文拖了几星期仍未出炉,北朝鲜读的可能是《纽约时报》——《纽约时报》星期天出刊的《一周回顾》仍把韩国摆在防卫范围之内。结果都合乎艾奇逊的盘算:他要的是模糊,想让共产党和蠢蠢欲动的盟友,如李承晚和蒋介石,猜不透如果韩国或中国台湾遭到攻击,美国会怎么做。英国陆军部(British War Office)1949年12月评估,北朝鲜部队要赢得战争,不会有太大困难——"关于侵略这个问题","毫无疑问,他们的终极目标是占领南方"。英国陆军部说:美国人原来认为韩国可以自卫,但最近"他们开始接受我们的想法"。这一段评估正确反映了艾奇逊的假设。至于斯大林,有金·菲尔比(从英国情报机构叛逃到苏联的双面间谍)和其他间谍提供的情报,他便可以边吃早饭、边读艾奇逊的机密,而没有理由去注意供大众阅读的演讲文。17

《最寒冷的冬天》最棒的地方是通过生花妙笔描绘了美方的几位主角:艾奇逊、杜鲁门、凯南、麦克阿瑟——尤其是麦克阿瑟的母亲品奇(Pinky)夫人。哈伯斯塔姆说的一点儿也没错,这是"艾奇逊时代"。他主导了有关战争的重要决定,之所以能够如此,是因为杜鲁门对他言听计从。哈伯斯塔姆对凯南的精细描述,可谓文学佳作,它说明了为何凯南是唯一了解进攻北朝鲜会出乱子的美国高级领导人。哈伯斯塔姆也颇了解麦克阿瑟,但写得有点太完美,高估了他的影响力。麦克阿瑟对战事没有做出决定性的决定——除了美军攻进北方之后,致命地决定部队分途进攻之外。哈伯斯塔姆说仁川登陆是"漂亮、大胆的一赌",完全出乎北朝鲜的意料,其实都不是:五角大楼1950年6月中旬发表的一份作战计划书已经预先模拟过,而且虏获的若干文件也显示平壤在8月底已晓得美军会登陆仁川——但是无能为力。

哈伯斯塔姆访问了许多位美国退伍军人,把他们的观点介绍给读者,让大家对这场"令人困惑的、暗淡的、非常遥远的冲突,一场似乎没完没了、没有希望或结局的"、"大部分美国人……宁愿尽可能少知道"的战争,多增加一点认识。他认为这是一场"被历史弃若孤儿"的战争。或许在1950年代这么说是正确的,但即使是几十年前,美国及世界上其他的历史学者也已经推出了满满一书架的书讨论朝鲜战争。如果哈伯斯塔姆认真读了我的书,他就不会写《最寒冷的冬天》。如果有人就越战写了一本这样的书,他必定会第一个跳出来批评它。不过,他的书说明了战争对某特定世代的影响,这个世代太过年轻,没赶上第二次世界大战,朝鲜战争热闹开打时他们正在学校念书,而越战成为一个问题时,他们已经以各自的专业参与其中了。没有任何档案文件可以让我信服尼克松本质善良,同样,也没有哪个历史学者可以告诉哈伯斯塔姆,艾奇逊和杜鲁门不是好人、麦克阿瑟不是战争失败的主导者。哈伯斯塔姆《最寒冷的冬天》的第一章以艾奇逊的一句话作结语:"我们像瘫痪的兔子围坐在一起,而麦克阿瑟却搞出这个梦魇。"我们从这句话中只看到艾奇逊的喃喃自语和虚伪矫饰。

马文·贺维兹(Melvin Horwitz)是个聪明的年轻医师,1951年至1952年间奉派在前线附近的一所战地医院服务。他给太太的情书反映了他复杂的经验。他最初对远东的印象来自好莱坞的电影,那是"恐怖分子躲在暗巷伺机活动"的地方。朝鲜存在于可供他享受和欣赏的占领区日本及美国人刻板印象中的中国洗衣铺工人之间的某个地方。和战争最后两年中的许多美国人一样,他和朝鲜人的接触十分有限——月薪只要两块两毛五美金的全职家僮、女佣、语言不通的韩国伤兵。他像观光客那样开车走遍乡间,享受山间及稻田的美景,看见红辣椒在太阳的暴晒下闪闪发亮。唯一逃过了战火的大城釜山,在他看来是梦魇,挤满难民、衣衫褴褛的孩童以及替妓女揽客的小孩("我替你介绍……漂亮姑娘,吹箫")。和他所认识的大部分军人一样,他打的是一场"没有人真正相信"的战争,尤其是打来打去,前线最多只有几英里的进与退,却是"满目伤员和死者"。被美国政客捧为"韩国华盛顿"的李承晚,"是个暴君,和蒋介石一样法西斯"。朝鲜战争只是"又一场不应该发生的战争"。[18]沙尔特(Salter)、罗斯(Roth)、哈伯斯塔姆和贺维兹是一个终将消逝的世代的标识(就像我们也都会消逝那样),此后,再也没有美国人会把这场遥远的战争埋藏在年轻人的怀旧情感和成长经验中。

在朝鲜战争之前及朝鲜战争期间有数百万美国人在朝鲜服务过(光

是在战争期间就有600万人次在朝鲜服役)[19],格利高里·亨德森(Gregory Henderson)是受到朝鲜感动、学会了它的语言和文化、把它当作第二故乡的极少数人之一。他原先是外交官,后来改行当了学者。他写的《旋涡政治》(Korea:Politics of the Vortex)迄今仍是论20世纪朝鲜的最佳著作之一,其中对于他本人经历过的那几年,剖析尤其锐利。在汉城,人人都互相认识,这个城市太集中,以至于成为他"旋涡"的核心。亨德森的工作是代表美国结交韩国精英。他会注意别人忽视的异常的人与事:譬如大韩民国陆军高级将领中有许多人曾在日本军队服役,他们对于曾经替天皇作战仍悄悄保有荣耀感,而且也保持忠心。(朴正熙服务的是另一个皇帝、"满洲国"的"元首"溥仪,他曾经获溥仪颁赠一只金表。)亨德森把大韩民国和美国的"南方生活方式"相关联,以众多佃农服侍地主而言,这个比喻相当合适。如果韩国可以算得上是雅典,北朝鲜就很像雅典的对立面:"更冷酷,更斯巴达,更吃苦耐劳,更重视意识形态,更不肯退让和更不投机。"[20]

从中国人的角度看

相较于朝鲜在美国人脑海中只留下转瞬即逝的印象,哈金的小说《战争垃圾》(又名《劫余》,原名为 War Trash)却是字字珠玑,他的经验里饱含缜密的观察和深切的思考。哈金是个兴趣多多、公平、聪明的观察家——他对自己所见是如此震惊——他把握了在战争中的朝鲜到处可见的人性。书中主角所属的部队渡过鸭绿江,见到一片空旷大地,"至少五分之四的房子被夷为平地"。越往南走,越看不到完好的房子。一位盲妇人"穿着皱巴巴的白衣",背着一个婴童,在垃圾堆中捡东西,这个印象使他永远记住了人类的坚忍不拔。即使在空袭后破败的土地上,朝鲜妇人仍然唱着歌，有时可以一连数小时，吟唱到夜里；她们喜爱化妆，几乎人人都有一块粉扑，不时拿出来扑脸（中国妇人年过四旬，就连裙子也懒得穿了，更不用说会再化妆）。他经过一座关了几百名女游击队员的俘虏营，营地里的女子也唱着歌，"她们的歌声使我陷入幻想"。他注意到中国和北朝鲜士兵从百姓那里拿了东西后会付钱，韩国士兵则拿了就走。一个中国步兵看得到这些事情，为什么美国人却看不到？不过他被俘后，却不明白美国医生和护士为什么对他这么好。[21]

哈金以小说手法重新建构1952年5月8日北朝鲜战俘在巨济岛暴动、抓了美军准将弗朗西斯·杜德的那一幕。哈金认为，战俘营里的北朝鲜人比较像是有高度组织的民兵，而不像战俘，他们以女性为沟通渠道，和岛上的游击队及北方的上级互通信息。有位北朝鲜人民军李姓上校曾在"满洲国"和日军作战多年，能说流利的中国话，他向其他人说明，金日成命令他们在战俘营开辟"第二战场"。战俘们痛斥杜德将军：为什么美军俘虏朝鲜士兵后，要他们脱光衣服、赤身露体？为什么美国军机要夷平村庄？杜德获释后，美军用火焰喷射器夺回了战俘营，造成77名战俘死亡。[22]

1987年，我在平壤访问双腿截肢的朴长郁（译音）。他从椅子上起身，努力靠两条义腿支撑自己。他对杜德被抓以及76营房北朝鲜战俘被镇压的经过，提供了历历如绘的描述。他的陈述悲愤、有力，表现出一副预备好好再拼搏一次的模样。战争结束后，他生了三女一子，长女是建筑师，儿子是铁路工程师。

第四章

压迫的文化

> 北朝鲜傀儡政权的名义领袖、北朝鲜军队表面上的司令官金日成,是出身朝鲜的 38 岁大汉,在韩国受到司法部门通缉。他本名金成柱,但改以一位传奇的朝鲜革命英雄之名为名——许多朝鲜人显然仍以为他就是"原本的"英雄,而不是统治北朝鲜的冒牌货。
>
> ——《纽约时报》社论,1950 年 7 月 27 日

朝鲜战争是一场大家不了解的战争,因为它在麦卡锡时期的顶峰被蒸发了(朱利叶斯和艾瑟·罗森堡夫妇于朝鲜战争开始时遭到起诉、在朝鲜战争即将结束之前遭到处决。*),这使得相关的公开质询和公民异议的活动根本不可能进行。战争的后方是一个压抑的但也十分迷人的地方:好莱坞电影把第二次世界大战的剧本重新搬到韩国上演;周刊所刊载的文章和照片记录着一场全然不同的战争(为越战预演);还有骇人的故事,威胁、吓唬所有的美国人(和"九一一"事件以来并无两样)——共产集团已自柏林至广州结为一体,威胁着全世界;战场上莫名其妙的

---

* 罗森堡夫妇为美国共产党人,于 1950 年被指控为苏联窃取美国原子弹机密而被判处死刑,是冷战时期仅有的因间谍活动被处死的美国公民。

大败仗；魔鬼似的"洗脑"；还有更令人震撼的，竟有21个美国人在战争结束时叛逃投向共产阵营（他们全都前往中国，但最后几乎全都回到美国）。

为大家所知道、观察到的朝鲜战争发生在头6个月。来自19个国家的270多位记者跟随部队及不时变动的战线移动，向编辑们发回大多未经检查的电文。[1]他们立即明白了这和5年前才终止的全球大战十分不同——他们大多也采访过"二战"。这很显然是一场较小、较有限的战争（"越战"发生之前，它就被称为"有限战争"），但它也有崭新的、异于以往的部分：它是一场内战，一场人民战争。最杰出的记者瑞吉纳·汤普森是位经验丰富的英国记者，采访过20世纪以来的每一场重大战争，也在新闻检查开始之前就采访朝鲜战争了。他诚实、好问、有调查本领，深信自己亲眼看到的真相，乐意说出心中所想，是杰出的战地记者。汤普森的《哭朝鲜》(*Cry Korea*)是西方谈论朝鲜战争的、堪与格雷汉姆·派克的《两种时间观》或杰克·贝尔登的《中国震撼世界》等讨论中国内战之经典作品等量齐观的专书。但还有另一个目击者的记述几乎同样有趣：威廉·迪恩将军打败仗之后在大田附近山区游窜了一个多月，终于被俘，在北朝鲜战俘营里被关押了3年。他坦率、深入的观察中很少有"共产党邪恶、自由世界美好"这类冷战言论。他们两人都开启了一扇窗子，让我们目睹真相。

早期的战争报道既迷人又有教育性，揭露了战争的基本性质：内战；战事在半岛拉锯6个月，什么事都被看得清清楚楚。接下来的两年间，战争演变成沿着非军事区展开的阵地战，西方人除了把朝鲜人当作敌人、士兵、佣人或妓女之外，和他们少有接触。汤普森骇然发现了美国人上至将军、下至士卒的无所不在的、在毫不介意中表现出来的种族歧视，以及对朝鲜的全然无知。美国人用"古客"(gook)这个字眼称呼朝鲜人，不分他是韩国人还是北朝鲜人，不过特别是指北朝鲜人；另外也用"清客"(Chink)称呼中国人。数十年之后,许多人在做口述历史时,脱口而出的仍是这些词。² 这个种族歧视性的贬义词首先出现在菲律宾,后来流向太平洋战争区域、韩国和越南。本·安德森称之为敌人的"无名的污秽"的存放处,在美国人眼中,朝鲜人的这种无名无籍在当时很突出、在今天依然如故。例如,唐纳德·诺克斯皇皇的口述历史中,很少提到任何朝鲜人的名字。但是美国士兵倒是评论说,"他们的古客"全力奋战,"我们的古客"却懦弱怯战、靠不住。(迪恩将军说,被称为"古客",北朝鲜人、韩国人都很愤怒。)³ 大多数美国人都不明白,反殖民主义战士确实是为了某些什么而战的。

1950年夏天,有关朝鲜人民军及其领导人的基本知识,被美国人当作了不得的东西——例如,北朝鲜大部分士兵曾参与中国内战。朝鲜战争开始3个月后,《纽约时报》从麦克阿瑟总部公布的(北朝鲜)国防部长崔庸健的传记中找到了大新闻:崔曾经和中国共产党并肩作战,而且1931年即进入延安(不简单的是,比长征还早了3年)。同时,《纽约时报》还发现崔全面统率北朝鲜人民军,这表明共产国际允许本地人主管一些事务。两天之后,《纽约时报》又报道了一则新闻:师长武亭也曾在中国参战,而且北朝鲜人民军大部分装备是苏联人在1948年卖给他们的。因此,

> 在狂热主义、政治和东方人朴实原始的作战质量三者的特殊结合之下……(朝鲜人民军)成为一支奇异的部队。某些观察家认为,在战前情报不良的情况下,我们才正要开始了解它。⁴

更早一些时候,《纽约时报》已发觉北朝鲜对联合国发表声明时语气古怪:他们"有某种热情",仿佛真心相信他们对美国帝国主义的批评。《纽约时报》本身对"冒牌货"金日成的描绘如下:

北朝鲜傀儡政权的名义领袖、北朝鲜军队表面上的司令官金日成，是出身朝鲜的38岁大汉，在韩国受到司法部门通缉。他本名金成柱，但改以一位传奇的朝鲜革命英雄之名为名——许多朝鲜人显然仍以为他就是"原本的"英雄，而不是统治北朝鲜的冒牌货。⁵

《纽约时报》揭橥的信条是"刊载一切适合刊载的新闻"，但上面这一段怎么看都像是李承晚草拟的稿子。这是想让一般读者相信北朝鲜人民军击败美军并造成数千人阵亡，全都是一个有着过度活跃的脑下垂体的冒牌货在那里作怪，而他乃躲避汉城司法机关追缉的另一个大盗狄林杰。*

汤普森初次见识到的美国人的种族歧视是在麦克阿瑟仁川大捷时的一幕惊人景象。他问，为什么北朝鲜部队战败后，美军要命令战俘赤身裸体地游行？美军不论是打败仗（大田）或告捷（仁川），对待"古客"都如此不人道。但是这种侮辱"并不能剥夺死者或生者的人性，俘虏裸体游行、双手高举也不能泯灭他们粗陋的、悲剧性的尊严——难道他们的身体还能藏武器吗"？其他的记者也都看到战俘遭受羞辱的裸体游行（其实究竟是谁该觉得羞耻呢？），但是少有人就此发表评论。后来发现，这些赤身裸体的男子只是年轻的、没有经验的诱饵：用大约2000名北朝鲜人防守仁川，迎战270艘舰船载运的70000名联合国军登陆部队。真正的朝鲜人民军"已像幽灵一样消失在群山中"。麦克阿瑟的大网已经"收拢，却空无一物"。⁶

在另一位记者眼中，最可恶的是韩国国家警察，他们以指控良民是共产党来敲诈勒索，逼迫穷家女子为娼，还处决了数千名政治犯。1950年11月，澳大利亚记者艾伦·道尔目击一群戴头巾的妇人，其中许多还

---

* John Dillinger，美国1930年代经济大萧条期间著名的银行劫匪，是联邦调查局全力追缉的江洋大盗。——译者

带着婴童,被韩国警察绑在一起,押着行走。他跟随着他们,直到他们被勒令跪在"一个新挖的深洞"前,四周尽是机关枪。道尔拿起他的步枪,对准指挥官说:"如果机关枪开火,我就把你毙了。"他救了这些妇人的性命——至少在当时是如此。也有人目睹美国士兵胡乱枪决北朝鲜战俘。这几乎是家常便饭。有时候,美军把俘虏交给韩国警察,稍后枪毙;有时候,美军自己动手处决俘虏。不过,有时候他们也见义勇为。班长杰克·莱特看见100人左右的一群民众,其中包括老人、孕妇和8岁的小孩,在韩国警察的监视下自掘坟墓。莱特制止他们;带队的韩国人说他奉有上命,打算"处决这些人"。莱特指指机关枪,命令他不许妄动,美军旋即保护这些平民退到安全处所。他后来说:"这种事在前线经常发生。"(他指的是屠杀,不是英勇救人。)[7]

韩国收复失土、向北推进之际,类似的暴行在全韩各地发生;勇敢、诚实的新闻采访也正是在这个时候戛然而止的。全世界都抨击韩国的暴行,的确使美国改变了政策:1951年1月,"记者完全划归军方管辖"。对各国及联合国军的批评一律禁止——"任何诋毁性评论",立遭检查人员黑笔删除。美国记者最俯首帖耳,因此被菲利普·奈特利认为是最没用的;更糟的是,有些美国记者甚至炮制不实报道。外籍记者很快就受不了联合国军事指挥机构的"说谎、半真半假和严重扭曲",他们发现从敌方发出报道的威尔弗雷德·伯切特和艾伦·温宁顿的文章反而更有新闻价值。[8]

消息即使通过了新闻检查,也经常在麦卡锡恐吓下的国内被封杀。爱德华·默罗的报道有时候一送到哥伦比亚广播公司纽约总部就被封杀。眼光锐利、非常独立的I. F. 斯通观察了全球印刷媒体,写了一本著名的反派专书《隐藏的朝鲜战争史》(*The Hidden History of the Korea War*,中译本《朝鲜战争内幕》),结果连遭28家出版社退稿,最后才在1952年由"每月评论出版社"(Monthly Review)买下出版权。[9]一连多年,想要了解麦克阿瑟手下的"我的小法西斯"威洛比将军，只能依靠很少的材料，其中最好的之一就是《记者》（*The Reporter*）杂志的一篇内幕报道。1950年代每个自由派人士的客厅里都会有这本杂志。可是，《记者》也免不了刊登中央情报局伪造的消息（其中之一是一篇封面报道，声称某苏联叛逃者协助北朝鲜建军）；《记者》杂志正义凛然的总编辑马克斯·阿斯科利还曾经委请艾伦·杜勒斯（当时是中央情报局高级助理）协助校订两篇有关中国游说团*的文章；中情局人士或许提供了文章的部分内容，而这些内容也的确包含了相当多新的信息。[10]

隔了十多年，好莱坞才开始拍片为这段历史解锁（事实上根本没解开）。有关朝鲜战争唯一的经典影片是1962年推出的《谍影迷魂》（*The Manchurian Candidate*），它仿佛预见到了肯尼迪总统会遇刺似的，然后又销声匿迹数十年。这部电影的精妙之处是把1950年代的东方主义和仇共意识用1960年代的黑色幽默包装起来，其中还有影射麦卡锡的角色（以惧内的愚蠢骗子之态出场）；电影容许观众用自己的偏见来观影。战争本身只是被信手交代过去，仿佛只是刚好成为外景地。邪恶的东方洗脑技师颜洛（Yen Lo）医生被凯迪（Khigh Dhiegh）演得出神入化，此后要演妖魔化的东方人即非他莫属。凯迪在好莱坞扮演类似的角色多年［"吴胖子"、"四指老吴"、"金周来"（即周恩来）；他在第一部电影《时间限制》（*Time Limit*）中饰演金上校，对朝鲜的美军战俘的审讯令人生厌］，其实凯迪本名肯尼思·迪克森（Kenneth Dickerson），生于新泽西州泉湖市，父母来自叙利亚和埃及。《谍影迷魂》是颇具代表性的朝鲜战争电影，但它主要的效果是强化了对亚洲共产党及战争本质的

---

* 中国游说团开始于抗日战争期间。蒋介石的国民政府游说美国国会，让美国政府资助数十亿美元现金与战争物供中国与中南半岛对抗日本。到了冷战时期，中国游说团的目的则是阻止美国政府与中共建立外交关系。——编者

刻板印象。*

压制的本能

约瑟夫·麦卡锡参议员 1950 年对一位记者说："我有一袋屎，我晓得如何利用它。"不久，他开始谴责国务院及其他单位的 205 个，或 57 个，自由派官员，结果到最后只有极少几个有把柄可抓。他指控他们是"共产党徒和可疑分子，出卖了 4 亿亚洲人，让他们沦为无神论者的奴隶"。[11]麦卡锡代表了一个极具破坏性的意识形态时代：标签取代了论据，证据真实与否则毫不重要。如果同样的现象出现在今天电视上的叫骂对阵中，我们就会看到麦卡锡及其盟友戏剧性地把美国政治光谱向右大转，盘诘、谴责，几乎埋葬了 1930 年代的进步势力。他们的恫吓工具乃是苏联原子弹和中国革命引爆了无可否认的全球危机，它们似乎已把半个地球赤化，害得仍然沉浸在 1945 年的胜利荣耀中、对世事依旧十分天真无知的美国人，不免要认为有一小撮国内的"外国人"——叛国贼——造成了这一切。麦卡锡在参议院首度发言抨击政府内的共产党人时，印第安纳州参议员凯普哈特也高喊："我们还要忍受多久？福煦**、艾奇逊、

---

* 1962 年 10 月首映的《谍影迷魂》片名的中文直译即是《满洲候选人》。它以朝鲜战争为背景，说苏联发展"洗脑"技术，可使人精神恍惚、服从指令，而且受害人醒后，对自己所作所为都忘得干干净净。剧情是一群美军士兵被俘后，被带到中国满洲进行洗脑。大家只记得雷曼·萧（由劳伦斯·夏威饰演）在作战中救了大家性命。回国后，雷曼获颁勋章；他的继父约翰·伊瑟林议员（以麦卡锡为蓝本）在雷曼母亲的协助下正力争被提名为副总统候选人。最峰回路转、出人意料的是盛气凌人的雷曼生母竟是共产党秘密间谍，负责指挥雷曼。她启动控制机制，要雷曼暗杀总统候选人，这样伊瑟林就可以顺理成章地代表所在的党逐鹿白宫，届时共产党就可控制美国政府。1963 年 11 月，肯尼迪总统遇刺身亡，使得本片成为禁忌话题，在银幕上消失数十年。"吴胖子"是电视连续剧《檀岛警骑》(Hawaii Five-O) 中的中国特务。——译者

** 物理学家克劳斯·福煦 1950 年把美国研究原子弹的资料（即曼哈顿计划）泄露给苏联，被定罪。他的供词使得罗森堡夫妇的罪名成立。——译者

希斯*和氢弹,从外头威胁,新政则吞噬掉了国家的重要器官!天啊!美国只能徒呼负负吗?"[12]

对于必须被告知共产党人长得什么模样的美国人[13],麦卡锡提供了可信的样板:主要是东部世家精英,还有国务院小官僚、衣着随便的教授、躲在柜子里见不得人的同性恋以及在国外住了太久的中国事务专家——任何不熟悉美国内地的人,都可被称为是国内的外国人。(《自由人》杂志一度说,赤色宣传只对"亚洲苦力和哈佛教授"有吸引力。)几乎任何受过良好教育的人都可能上榜;因此,1950年代自由派最头疼的就是遭到误认的威胁。

美国国内政治就像橄榄球赛,大军攻向目标线,却受到选民、游说团体和数千种折冲力量的牵制,缺乏自主性。外交政策就像芭蕾舞,也像四分卫的长传,或拳击手的击倒重拳。但麦卡锡是个虚无主义者,什么也不信;他打破参议院规则,松脱国内政治网络,对根本没有多少人了解的外交政策议题提出异议,还一意孤行。他借助郁气难抒的群众基础,躲开国会的折冲政治,对杜鲁门、艾奇逊的行政部门发动意识形态攻击,因此限缩了外交政策精英自从1941年以来极其自主的挥洒,对于"负责任"的外交政策的阐述从外部加以限制,而这样的限制迄今犹未解脱。

麦卡锡出身于天主教的德裔美国人的农村选区,他们擅长以言词表达对英国人及崇尚英国风的东部人的仇视。对东部人而言,艾奇逊操着假冒的英国腔,留着精心修饰的胡髭,爱戴高帽子、穿燕尾服,根本就是一张捕蝇纸,落在他手里就很难脱身。另外还有一股怪异的性政治也掺进这出古怪的戏:麦卡锡有本事让带着波士顿世家腔调,以及有着知

---

* 希斯是美国律师,曾任职于国务院和联合国,1948年遭前共产党员钱伯斯(Whittaker Chambers)指证在联邦政府任职时曾加入共产党并涉嫌为苏联搜集情报,为此他坐了3年半牢,但至死都不承认自己有罪。——编者

识分子的自命不凡或博学的人,被看成即使不是同性恋也是脂粉气极重的人。[中间派埃弗里特·德克森(Everett Dirksen)*也说国务院内有些"薰衣草小伙子",当时政府机关也的确在大肆清除同性恋公务员。]

麦卡锡掌握的涉嫌为颠覆分子的材料(绝大部分是机密文件),是由联邦调查局局长埃德加·胡佛、麦克阿瑟的幕僚威洛比和惠特尼,甚至中央情报局局长沃尔特·比德尔·史密斯提供的。威洛比从1947年就自行展开麦卡锡式的调查,尤其着重调查替"极左派"的"太平洋关系学会"工作的学者。他的第一个调查对象是安德鲁·格拉齐丹泽夫(Andrew Grajdanzev)——他在1944年对日本统治朝鲜的历史描述迄今仍被视为英文世界中最佳者之一。威洛比派人跟踪他、读他的信件,认定他可能是"长期的苏联特务"——证据是约翰·霍普金斯大学教授欧文·拉铁摩尔(Owen Lattimore)**曾经替他写推荐信,而且他主张肃清拥有1945年之前不光彩记录的日本领导人(麦克阿瑟和威洛比则支持这些人)。威洛比指控安娜·路易斯·斯特朗和艾格尼丝·史沫特莱等是狡猾的颠覆分子,她们虽然无籍籍之名,却以遥控方式协助毛泽东掌握大权。威洛比1950年5月致函众议院非美活动委员会主席,说"美国共产党首脑策划了中国的共产化",那些同路人具有"对外国目标神秘的狂热,希望以共产主义的泛斯拉夫主义'圣战'让西方国家臣服"。威洛比特别注意那些可能表明犹太人出身的姓名和出生地。¹⁴

拉铁摩尔的经验充分说明了麦卡锡主义、中国游说团和它对韩国的关系。我们已经忘掉,麦卡锡早在朝鲜战争之前就发动了攻击,而拉

---

* 伊利诺伊州联邦参议员德克森是1950、1960年代共和党的大佬,1950年靠麦卡锡支持,被共和党同僚推举为参议院领袖(即大党鞭)。他支持美国参加越战,并协助民主党籍的总统约翰逊通过1964年的《民权法案》。——译者

** 拉铁摩尔是美国的中国和中亚问题专家,"二战"期间曾担任蒋介石和美国政府的顾问,他也是太平洋关系学会的刊物《太平洋事务》的主编。到了麦卡锡主义时期,美国在战时的中国通都被控通敌,麦卡锡特别点名指控拉铁摩尔为"苏联在美国境内的高级特务"。——编者

铁摩尔对朝鲜的观点正是麦卡锡的中心议题之一，到了1950年6月之际，麦卡锡主义似乎正在失去动力——逐渐没有能力把"中国"当作美国政治的议题。麦卡锡最先在1950年3月13日间接攻击拉铁摩尔，一周之后宣称他发现一名"苏联大间谍"，最后当消息从他的委员会外泄时就点名指控拉铁摩尔。除了拉铁摩尔，还有菲利普·杰瑟普（Philip Jessup），他也是个"危险的、有效率的拉铁摩尔之外围人物"（他是哥伦比亚大学国际法教授，后受聘进入国务院）；但麦卡锡最终的目标是艾奇逊，麦卡锡称之为"替拉铁摩尔头脑发言的声音"[15]。艾奇逊是他的终极目标。为什么？一部分原因是艾奇逊是横阻在蒋介石及蒋为抵抗共产党进攻所迫切需要的美国支持之间的最后一个高官。

4月初，麦卡锡宣称掌握了可以坐实拉铁摩尔是苏联特务的文件，促使拉铁摩尔向新闻界公布了一份他在1949年8月写给国务院的备忘录；他在备忘录中主张，"美国应尽快不让自己难堪，不要再和韩国有瓜葛"。拉铁摩尔把朝鲜当作"小中国"，李承晚则是另一个蒋介石。他说：如果我们不能和蒋联手得胜，我们又怎能和"散处中国或亚洲其他地方的'小蒋介石'联手得胜"？拉铁摩尔的备忘录也暗批1949年夏天和秋天美国官方正在上升的一种势头：不仅想遏制共产主义，还想击退共产主义：

> 现在肯定还不能说……在远东对抗共产主义的武装战争……已变成无可避免或极其可取。我们也不能肯定地说……远东将是最合适的战场。我们还有其他的选择——相对长久的和平，或迅速走向战争。如果真要发生战争，只能以击败苏联来求胜——不能以击败北朝鲜或越南甚至中国就称胜。[16]

1950年5月中旬，麦卡锡再度攻击对朝政策的"艾奇逊－拉铁摩尔轴心"(或"政治局里开空头支票的人"),声称拉铁摩尔的对朝计划将把数百万人送给"共产党去奴役"。他瞄准国民党政府的头号大敌艾奇逊,大喊"解雇在亚洲背弃我们的显贵"。[17]

拉铁摩尔完整的对朝观点发表于1949年秋天,当时国务院召集了一些专家,就亚洲新政策提供建议。大体而言,拉铁摩尔、柯拉·杜波伊斯(Cola Dubois)和费正清等自由派学者,试图指出横扫亚洲大部分地区的革命是源自其本土的,是西方和帝国主义百年冲击的历史的顶点。而威廉·科尔格罗夫(William Colegrove)、大卫·尼尔森·罗(David Nelson Rowe)和伯纳德·布洛迪(Bernard Brodie)等保守派学者,则主张亚洲共产主义的背后隐藏苏联的阴谋。然而,自由派在学术圈势力较大,在这些咨商会议中产生了一项共识,即应寻求与中华人民共和国建立外交关系。

拉铁摩尔说,美国应该与亚洲进步、自由的势力站在一起,但不应介入已经是既成事实的变革之路(如中国之革命),否则将会自招失败且愚蠢不智。同时,"朝鲜看似重要性不大,以致往往被忽略;但它或许可能成为比其表面的分量来得更能影响局势的国家"。有了这句先知般的拗口的预言之后,他主张,大韩民国在政治上"越来越令人尴尬",是个"极端声名狼藉的警察国家",

> 主要权力集中在日治时期与日本人合作的人士手中……韩国在现政府治下,无法在与日本恢复亲密经济关系的同时,不让昔日日本的控制和关系再渗透进来……这种政府存在于朝鲜南部对整个亚洲的民主人士是一种可怕的挫折……韩国代表着对可能局势的可怕的警告。

然而,朝鲜战争一爆发,拉铁摩尔即表示支持美国介入。[18]

尽管麦卡锡针对拉铁摩尔的猎巫行动有明显的政治和失实性质,几星期之内,主要的舆论机构已开始用典型的说法来躲避麦卡锡的炮火:支持拉铁摩尔表达意见的权利,但又批判他的言论不负责任或者太极端。4月中旬,《纽约时报》点名批判拉铁摩尔关于朝鲜的立场"有害",认为他的观点"相当令人震惊",并表示国务院已"断然拒绝拉铁摩尔先生切断、脱离韩国的建议"。[19] 历史学家玛丽·麦考利夫(Mary McAuliffe)说得没错:"当时最大的讽刺之一,即是自由派扮演了出人预料的角色,先是建构了一个摒弃美国左派的新自由主义,然后又接受'红色恐怖'的若干基本假设和战术。"[20]

英国作家戈弗雷·霍奇森(Godfrey Hodgson)写道,在麦卡锡主义气氛下,"自由派几乎总是更关心如何和左派划清界限,而不是如何和保守派划清界限"。因此,他们加入了"保守的自由主义……阵营"。如果说1950年代初期害怕会遭到调查是因为知识分子看到了"棍棒",后来"希望被咨询则是他们看到了胡萝卜"。作为有影响力的委托人,这代表着必须接受资助者的限制。[21] 但是在1950年重要的是棍棒,而且还是很强大的棍棒。

我们不妨假设你在朝鲜战争中支持北朝鲜或中国。如果一个美国公民强烈赞成这个立场,他或她可能会面临怎样的下场?纽伦堡战犯大审判时曾担任副首席律师的莫里斯·安强(Moris Amchan)写道,联合国裁定北朝鲜南进是"破坏和平",因此是"侵略的、犯罪的"行为。任何人如"实质参加"北朝鲜那一方"必会遭控诉是在知情的条件下参与侵略战争和非法侵略";所有"高层人士"这么做,都应该"被送上国际法庭,追究责任"。[22] 如果你是朝鲜人或共产党员,只要有支持北朝鲜的情感,或温和的抗议,就会遭受严厉惩处。联邦调查局调查了若干朝鲜人,他们在美国有永久居留权,却是反李承晚的左派人士或站在北朝鲜一边,这些人遭递解出境。这方面的记录迄今仍未解密,但据说有些人被递解出境后，在韩国遭到处决，也有些人投奔北朝鲜去了。[23]

《麦卡伦国内安全法》是由内华达州民主党籍参议员帕特里克·麦卡伦（Patric McCarran）提出，于1950年9月23日通过的，并因而得此名。这位参议员既无知又贪腐，迫害了许多研究中国事务的学者，是电影《教父》第二集中那位参议员的蓝本。法案有一项条款，要设立集中营，把被视为会威胁美国安全的人集中管束。自由派代表人物，如伊利诺伊州民主党籍参议员保罗·道格拉斯（Paul Douglas）、明尼苏达州民主党籍参议员休伯特·汉弗莱（Hubert Humphrey）都投了赞成票；最终两党一致，通过了这项法案。《美国新闻暨世界报道》公布了这项法案所订的"共产党员法则"：政府不会"立刻"为共产党人设立集中营。但是，若是成立集中营，谁会住进去呢？"许多共产党人及其同路人。其他人也会被关押。任何被视为危害美国安全的人，都会被关押。"然而，三K党不算，因为它和"共产党没有关联"。[24] 读者马上就会说根本没有人被关进集中营嘛，但是在1950年9月，有谁会知道是如此呢？

很奇怪的是，在中国介入朝鲜战争时——杜鲁门视之为"国家危机"——麦卡锡和其盟友却沉默不语。或许是因为麦克阿瑟明显的失败，也或许是因为国防费用大增是发生在浅粉色民主党人主政之时而非爱国主义的共和党人主政之时，但也可能只是因为麦卡锡还有别的事要忙。华盛顿的内幕新闻专家德鲁·皮尔森（Drew Pearson）搞了些影射麦卡锡是否具有男子气概的小道新闻，使得首都议论纷纷。12月13日，正好是皮尔森53岁生日，麦卡锡在苏葛瑞福（Sulgrave）俱乐部衣帽间堵住他，用膝盖顶了他鼠蹊部两次，又一拳把他打倒在地。最后还是尼克松出面挡下，事端才没有扩大。[25]

这时候的美国还不能和战前的日本、德国或是苏联等威权国家比拟。美国保持开放，经过很长一段时间，逆转了1950年代某些过分的行为（虽然不是全然改过更新）；传媒没有被消音，异议人士没有被关押起来——除非他们是共产党领导人物（联邦最高法院后来也根据《史密斯法案》推翻了他们的罪名）。但是，重点不在这里。以美国建国的理想，以及它在全世界为自由而奋斗的行动来评断，1950年代初期的确是黑暗时期，是托克维尔所告诫的"绝对主义的服从"（absolutist conformity）发挥其最大潜能的时期。即使批评者没被枪毙或拷打，他们也会失去工作、遭到放逐、承受沉重的心理压力、被告诫要改变思想，否则就要被排挤出政治圈。麦卡锡是一流的射手：他让一整个世代的自由派成天提心吊胆，生怕被人误认。

麦卡锡主义的另一个作用是把注意力从国民党和中国游说团的贪腐和密谋（包括为外国政府窃取高级机密，以及美国司法机关与外国恶劣的秘密警察密切合作）上移转开来。例如，1953年，司法部和威洛比、何世礼[*]、蒋经国合作侦办拉铁摩尔和戴维斯（John Paton Davies）[**]的案子——蒋经国是蒋介石的儿子，有长期主持国民党特务机关的经验。或许最骇人听闻的是，这些案件有好几件是捏造的。[26] 通过麦卡锡主义，一小撮利益结合起来（当然不是光凭这股力量）达成维持美台关系又20年的结果，毁掉了几乎所有对中国问题说实话的政府官员的前程，也让许许多多扈从者大饱私囊。国会和司法部应该调查这些事，或许今天仍应该这么做；但是麦卡锡凶狠、滥加攻击，把注意力全转到其他方向去了。

---

[*] 香港首富何东爵士三子，张学良的爱将。——编者
[**] 戴维斯在"二战"期间担任驻华外交官，是美国的中国通之一，曾预言中共将打赢国共内战，并于国共内战结束后主张美国与中共建交。麦卡锡主义时期被指控为让美国失去中国的共产党人，之后遭到国务卿杜勒斯解职。——编者

东方、西方和压制：
一流的头脑如何制造模式化的印象

麦卡锡派代表性的学界人物是卡尔·魏特夫（Karl Wittfogel），他和布莱希特生活在同一个环境中，却有奇异的轨道：他在1930年代初期是德国共产党的理论大师，极力拥护马克思的"亚细亚生产方式"理论。斯大林为什么整肃他，原因迄今仍未完全清楚。魏特夫来到美国，以他的大作《东方专制主义》建立起其学术地位。[27] 马克思的理论拿欧洲的标准发展模式——封建制度、资产阶级兴起、资本主义——来评价亚洲的不足：一个暴君掌理一方半干燥的环境、统率大队官僚和士兵、管治大河通路、使用大量奴工兴建大型公共工程（如中国的万里长城）。那里上有暴君，下有畏缩的群众，阻止类似现代中产阶级的兴起。

列夫·托洛茨基、他的传记作者艾萨克·多伊彻（Isac Deutscher）、苏联异议人士尼古拉·布哈林和魏特夫，全把斯大林比喻为东方君主，尤其是成吉思汗，认为他的政权是东方专制主义的一种，明显具有"亚细亚生产方式"最糟的特性。我们看到托洛茨基写的斯大林传记，劈头第一句话就说，老革命派里欧尼德·克拉辛（Leonid Krassin），"如果我没记错，他是第一个称呼斯大林是'亚细亚人'的人"；托洛茨基的描述是，"亚细亚"领导人狡猾、残暴，掌理着巨大的静态农民社会。[28] "狡猾"和"精明"是对亚洲人的模式化观念的标准形容词，特别是不给他们公民权利、被白人区隔离于中国城之时，这导致了因为距离而产生的始终如一的固定印象。"残暴"是另一个标准形容词，其使用史至少可以追溯到成吉思汗，近年的波尔布特等人更强化了这个形象。静态、怠惰的东方，和动态、进步的西方，两者之间的差异可以上溯至希罗多德斯和亚里士多德。

马克思并未真正调查研究过东亚，但他所了解的已足够他明白，如果说中国符合他的理论，那至少有封建主义的日本（和"小文化"）明显不然。然而，魏特夫把他的东方专制主义概念运用到了有大江大河穿过的每一个王朝帝国身上——中国、沙皇俄国、波斯、美索不达米亚、埃及和印加，甚至亚里桑那州的霍皮族印第安人。此时，他已经成了老资格的、危险的、政治立场反复不定的人物，以有机保守派（organic reactionary）之姿态重新出现，试图东山再起。他在全美国最彻底的中产阶级城市西雅图安身立命。魏特夫为许多极端右翼的刊物撰稿，在麦卡锡时期整肃中国问题学者及外交官员的工作中，扮演关键角色。几乎没有学者愿意出面作证指控拉铁摩尔——麦卡锡的头号目标，可是华盛顿大学却有三个人愿出面批判拉铁摩尔。他们是魏特夫、尼古拉·波贝（Nikolas Poppe，苏联研究蒙古问题的专家，1943年投奔纳粹），以及英国学者、新闻工作者乔治·泰勒。[29]

我1970年代中期在费城地区任教，遇见魏特夫的第一任妻子奥尔佳·兰（Lang）。（我请教她："你们为什么离婚？"她答说："无可调和的政治分歧。"）——后来我来到拥有全美国最古老的东亚研究部门的西雅图华盛顿大学。此时，佩里·安德森刚出版了《绝对主义国家的系谱》。在这本权威著作的末尾有87页的"注"讨论亚细亚生产方式的理论。[30] 安德森提出，马克思对亚洲的观点其实与黑格尔、孟德斯鸠、亚当·斯密及其他一些知名人物的观点差异不大；他们全都从望远镜错误的一端或是从镜子里窥视，把对亚洲一知半解的知识拿来和他们所了解的西方发展历史做比较。马克思也没把"亚细亚生产方式"认真地当一回事；他一直以来只对一件事有兴趣，那就是资本主义（即使它已进化到共产主义）。安德森称魏特夫所言是"庸俗的喧闹"，建议可以把他的理论随手丢弃。安德森的结论是："在我们无知的暗夜里……所有陌生的形状全都是一个颜色。"我兴奋地把他的大作推荐给同事。有位好朋友说："他不认识任何中国人。"另一位则说："他是马克思主义者吗？"——问的是安德森，不是魏特夫。

这个理论从来没被埋葬过，只是以较不明显的形式重新出现。现在再说"东方"（Oriental）或"亚洲"（Asiatic）都不符合"政治正确"（有些人甚至根本还不知道这一点）。斯大林已作古多年，但斯大林主义显然还未死亡，因此仍可对斯大林主义发表意见。甚且，有一套"东方"概念仍使它存活：新闻记者不假任何思索，一再使用这个词形容北朝鲜。朝鲜民主主义人民共和国是"东方斯大林主义"纯种形式的概念，可以溯及1940年代，[31]而且一再受到加州大学伯克利分校施乐伯（Robert Scalapino）教授的强调。施乐伯是冷战学者，成名于1950年代末期，和许多人一样受惠于后麦卡锡时代右派和中间派的和解。

北朝鲜的政治做法或有可议之处，但我们不必为它负责。更令人困扰的是美国国内对此政权持续不断的模式化观念和妖魔化。金日成1994年去世时，《新闻周刊》封面故事的标题是《无头的野兽》（The Headless Beast）。认为他的儿子根本就是疯子的说法，更是随处可闻。《纽约客》一向有查证事实的可贵传统，但我们一看它的作者史蒂文·科尔（Steven Coll）的分析，就不免要请教他一个问题：有哪位精神科医师替金正日做了诊断？[32]另一位专家最近也写说，北朝鲜是"斯大林主义和东方专制主义的混种"。[33]

金正日擅长自己设计形象，也坚持说自己没有搞"东方专制主义"。没有证据可以证明北朝鲜人民承受了针对整个阶级人民的大规模暴力，或是大规模"整肃"这种斯大林主义特有的做法，而且中国和北越实施土地改革或者"文化大革命"时，也死者众多。纵使如此，北朝鲜仍然是人人指责的"最糟的社会主义"之范例，直到1991年，它仍极为重视苏联的意见，使得当时或之后的美国观察家仍认为北朝鲜不可能有任何能力在1950年独立行动。

事实上，金正日和他已故的父亲以及他身边的意识形态拥护者，延续了东方与西方古代的皇室做法，维持"国王的两个身体"——那个身体既是"政治身体"，又是"自然身体"，后者承载着一个平凡、孱弱的人，凑巧成了"国王"，也和别人一样，终究会死。简单讲，金正日有一般人的消化不良、愤世嫉俗和使人不愉快的面相，他从生下来就没办法达到父亲的期望——可是他必须当王；另一面他又是超人，有绝对完美的政治身体，代表数百年来历代相传的圣贤之君。（从这里衍生出北朝鲜的夸张宣传，吹嘘金正日第一次打高尔夫，就得到了"老鹰"佳绩，只比标准杆低两杆。）人一旦死亡，自然身体就消失，可是圣贤之君的灵魂会传给下一代君主。在平壤，这就意味金日成的"龙种"长子金正日，延续了完美的血胤——而这也是御用学者称颂不已的。家族世系成为永恒，说明了为何金日成不仅是终身总统，在他往生后还依然是朝鲜民主主义人民共和国的总统。高层的"脱北者"黄长烨告诉布莱德利·马丁说，金氏父子"改变了斯大林主义和马列主义的方向，转向回归儒家观念"。[34]

北朝鲜因此是现代版的王室，以高度民族主义、后殖民的国家之姿态出现。詹明信指出，"呈现在'暴君身体'上的社会团结"是政治性的，但也类似各种宗教做法。这种政权喜爱的现代做法是民族主义，也是完全可以预料得到的。但是西方的左派（更不用说自由派）完全无法了解"民族主义巨大的乌托邦吸引力"；它的病态的特质很容易理解，可是它对于集体主义以及后殖民领导人所渴求的紧密团结的健康的一面，却遭到否定。[35]当你在朝鲜数百年来的王室承续和新儒家哲学中，加上后殖民的民族主义，或许就可以理解，北朝鲜是个不同寻常的但是可预知的君主政体、民族主义和朝鲜政治文化的结合体。

阴影笼罩

我们住在西方自由化社会中的人,有从出生起就自动拥有的潜意识,我们把我们在成人时期所加入的相对稳定的社会视为理所当然,因此我们没做任何思索就如所期待地行动了。公民社会因此就作为几个世纪西方政治实践的成果,得到内化、复制。然而,这样的习惯的生成,好公民、好劳工以及忠诚臣民的自动产生过程,却是很难理解的神秘过程——社会变迁怎么可能如此公开、有弹性、自动自发有秩序,甚至威胁到当权者,可是社会还是稳定的?乔治·凯南说:"人民在治理中走向尊严和启蒙的方式,构成了国民生活中最为深入的、内在于个人的过程。外国人不难理解,在这个过程中,外部力量起不了什么作用。"[36] 是我们的盲目,和未经检验的假设,构成了仇视金正日的核心——这使得他同时兼具可笑、可鄙、可恶的性质;我们辱骂他,他则对我们以及我们的价值嗤之以鼻,我们也拿他无可奈何。已经证明,历70年之久,我们并不了解北朝鲜,我们也对它无能为力。但是,我们对自己的偏见至少能有所作为吧。

朝鲜半岛是内战最先发生,却从未终止、从未离开的地方,我们现在仍可在有线电视上看到它。在冷战的两极当中,我们居于右方,我们的动机纯洁,我们只做善事,绝不伤害别人;他们则是一群可恨的暴徒,不仅是共产党,也是罪犯,他们隐形(1950年代的电影甚至把他们形容为外星人和火星人)、怪诞、疯狂,什么坏事都干得出来。我们是人类,庄重、开放;他们则没有人性、神秘、与世隔绝。他们没有什么权利值得我们尊重。如果敌人知所进退,并且消失了,我们就高高兴兴地回家;但是敌人却顽固、坚持,一再挟怨报复。(2009年夏天,美国有线电视网日复一日地以"北朝鲜大威胁"为标题,连续报道有关北朝鲜的新闻。)经过70年的对抗,美国人对北朝鲜最主要的印象中依然充满了东方主义的偏见。

第五章
三八线划分南北：
被遗忘的占领

1945年8月9日上午11点，绰号"波克的汽车"的一架B-29轰炸机，出现在长崎上空，投弹手柯密特·毕汉（Kermit Beahan）已经就位。这一天正是他的27岁生日。他投下一颗9000磅重的钚-239炸弹："胖子"。炸弹挂在降落伞下摇摇晃晃，历时40秒钟，下坠一英里半到达引爆点，即浦上天主堂红色圆顶上方500米处。这座教堂长期以来被称誉为东亚最壮观的天主教教堂。在这个炎热、闷郁的上午，36岁的神父石原正为浦上医院的病人做弥撒。圣母升天节即将到来，他的信众希望能在8月15日的大节庆之前就忏悔认罪。11点钟左右，他回到自己房间，"突然有一道白光充满走廊"，然后是"一声巨响"，把他抛上半空，一脑袋撞上一根水泥柱。他蹒跚地走回教堂，护士后来却发现他躺在教堂地上。她们扶起他，他却不顾头部伤势，为不久就出现在医院门口的行尸走肉举行最后的仪式。石原神父原籍朝鲜，后来回到祖国，成为天主教会的主教，活到1970年代末期。[1]（至少有10000名朝鲜人，大部分是被征调的劳工，在广岛和长崎葬送了性命。）

第二天，当时任职于战争部的约翰·麦克劳伊（John McCloy）请腊斯克和查尔斯·伯恩斯蒂尔（Charles Bonesteel）辟室密谈，要在朝鲜半岛划一条分界线，作为分区接受日本武装部队投降之用。腊斯克日后说，他们选择北纬38°线，是因为它把人口高度集中的首都汉城放在美国占领区内。美国在做此决定时，并未征询其他国家的意见。麦克劳伊当时已是公认的"智囊"之一，他当天的意见别人都无异议。这项决定具体化为麦克阿瑟在1945年8月15日颁布的"第一号总命令"；另外它也划出了一条高度政治性的分界线，指示在中国及北越的日军向蒋介石（不是向毛泽东或胡志明）投降，这后来成为冷战划分东亚的第一个关键动作。苏联部队已在8月8日进入朝鲜北部，正在向南推进，但是他们默默接受了三八线的决定，不评论，也没有书面协议。在琉球的美军第24兵团，由约翰·里德·霍奇（John Reed Hodge）将军指挥，奉令占领朝鲜，但要到9月8日才能够开拔。尽管华盛顿一再催促他尽快进驻，霍奇后来仍说这是"仓促移防"。由第6、第7和第40步兵师组成的第24兵团在血腥的琉球"最后战役"中伤亡惨重。不过，不久它即全面占领了三八线以南的朝鲜——符合美国国务院长久以来的规划。

大部分美国人似乎不知道，美国在对日战争一结束时就占领了朝鲜，成立"在朝鲜美陆军司令部军政厅"历3年之久，深刻影响了战后的朝鲜史。战时及战后法对"和平"地占领受害地区和"敌意"地占领敌人地区做了区分，差别在于前者不得干预占领区内部事务。国务院立刻裁定朝鲜是日本侵略的受害国，但占领军司令部不仅一再对待南方有如敌人领土，还数度实际宣布它就是敌人领土（尤其是东南部几个道），美军介入半岛政治的程度已超越了对其他战后政府的种种干预。

孕育韩国内战的社会和政治力量可以上溯到日本殖民统治朝鲜及满洲的时期，尤其是土地分配不均引发的某些朝鲜人的反日抗拒，以及另一些人和日本的合作、一般朝鲜人惊人的大迁移——尤其是1935年至1945年期间，当时有数百万人到处迁徙，为日本大型工业化项目及战争动员行动服务。到"二战"结束时，整整五分之一的朝鲜人口居住在国外（通常是日本或中国东北）。"慰安妇"及20多万名朝鲜籍士兵是明显的受害人，但数以百万计的一般老百姓也在矿山、工厂和强迫劳动队工作；令人关注的是，1945年朝鲜的全部人口中有10%（250万人）住在日本；相形之下，中国的台湾只有3500人住在日本。由于外移劳工不可能小于12岁或老于60岁，所以这一大群人与他们出生的原乡有紧密的感情联系。当日本统治垮台时，他们全都想回故乡（大多数出身南部，那是人口"过剩"的主要地区）。

珍珠港事件之后，美国对朝鲜政策丕变。1905年以来，美国从来没有质疑过日本对朝鲜的征服，当时老罗斯福总统以安排《朴茨茅斯条约》、终结日俄战争而荣获诺贝尔和平奖，他祝福日本人可以将朝鲜"现代化"。然而，1942年，国务院规划人员开始担心，朝鲜若是落在不适当的国家手中可能威胁到战后太平洋地区的安全，因此制订了计划，要在击败日本之后全部或部分军事占领朝鲜。小罗斯福总统有一个策略，想让四强（美、苏、英及中华民国）"托管"朝鲜，使日本利益退出，美国利益进入，同时承认苏联对与它接壤的朝鲜有正当的关切权利。小罗斯福对托管期会有多长，有完全不实际的想法（或许四五十年），他在战时有好几次和丘吉尔、斯大林讨论这个构想。如果这个政策顺利进展的话，朝鲜或许可能保持统一。可是，原子弹投下，太平洋战争突然终止，杜鲁门随即入主白宫，国务院官员推动了占领政策。

进驻汉城不到一个星期，第24兵团军事情报处长塞西尔·尼斯特（Cecil Nist）上校就找出了"数百位保守派"，认为他们或许可以出任战后朝鲜的优秀领导人。他说，这些人大多数曾与日本帝国主义合作，但他预期这些污点很快就可洗刷干净。这一群人中有许多人日后成了影响韩国政治的重要领袖。有鉴于钦点的这几百人和日本人合作的背景，霍奇必须物色一个爱国的名义领袖。战略情报处相中了李承晚——一个流亡美国、让国务院头痛了数十年的政客。在国务院的反对声中，李承晚被送上军方飞机，飞到东京，与麦克阿瑟密谈，随后在1945年10月中旬由麦克阿瑟专用座机"巴丹号"（Bataan）送到汉城。李承晚了解美国人，清楚他们反射性的、不假思考的，也不清楚大势的反共心理，并善加利用——直到1960年韩国人民在一场全民抗争中把他赶下台。由于他已经流亡国外多年，又没有太多亲戚，所以擅长操纵部属的家族关系和地缘关系。他是个倔强的人物，作风强悍，很快就说服美国人，他若去职，国家一定陷入混乱、坠入深渊。

美国占领韩国两年时，新成立的中央情报局发表的一份报告说，韩国的政治"陷于右派人士以及左翼人民委员会的残余势力之间的对立"；它形容后者是一种"草根的独立运动，是于1945年8月在朝鲜各地成立的人民委员会"。至于执政的政治团体，

> 右派领导人……由为数很少的阶级所提供，它实质上垄断了国家的天然财富和教育。它担心如果平均分配日本人留下的资产（即殖民资本）会立下没收集中在某些朝鲜人手里的财富的先例。这是它和左派根本对立的原因。由于这个阶级若没有某种最低度的"合作"，就不能取得及维持在日本人统治下的有利地位，现在它很难找到可接受的人选出任政治职位，遂被迫支持进口的流亡海外的政客，如李承晚和金九之流。这些人固然没有亲日派的污点，本质上却倾向专制统治。

其结果就是"极右派人士"主要通过日本人成立的、一向"残酷无情地镇压社会骚乱的国家警察厅，控制了美国占领区公开的政治结构"。南方政府的官僚结构"实质上仍是旧日本体制"，内政部对"人民生活的每一阶段都有最高程度的控制"。[2]1940年代末期的状况的确深深影响了此后韩国的政治，美国人应当为此承担极大的、推卸不掉的责任。

当然，美、苏两强支持朝鲜内部符合他们各自利益和世界观的势力。

但美国占领当局领导人在1945年底采取了若干决定性的行动——重新建立殖民时期的国家警察厅，组建一支新的军队，把流亡美国的李承晚接回国，并单独成立南方政府——这比苏联决定组建一个有效运作的北方政府，来得仓促。而且，美国必须实施它的计划以对付9月6日于汉城宣布成立并在农村产生了数百个人民委员会的"朝鲜人民共和国"（和北朝鲜无关）。1945年12月，美苏外长会议取得协议，对朝鲜实行为期5年的双边"托管"，但是两国驻朝鲜的司令部的行动使协议无法付诸实行。到了1946年初，朝鲜半岛实质上已经分裂，两个政府、两个领导人（李承晚和金日成）在1948年分别创建了南、北两个朝鲜，其实它们在1946年时已经存在了。

美方占领军司令官霍奇将军是个真诚、诚实、不摆架子的人，有显赫的军功（被誉为"太平洋的巴顿"）。但身为军人，他最担心的却是四周举目可见的政治、社会和经济失序。他到任不到3个月就向共产党（位于南方美国区内的共产党；他误把左派、反殖民抗日分子、民粹派和拥护土地改革者统统视为"共产党"）"宣战"；1946年春天，他首次向华盛顿提出警告：北朝鲜可能入侵；并且他不理睬华盛顿的直接指示，于1945年11月底组建了一支本土的韩国军队。

12月份成立的军官英语学校，于1946年5月改制为韩国宪兵训练中心，而此一训练中心于1948年李承晚就任总统后立刻改名，仿效西点军校，成为韩国军官学校。军校培养出了韩国1961年第一次军事政变的策划者（以第8期生为主）以及1980年军事政变的首谋者（1955年班）。例如，丁一权，曾任日本关东军上尉，战后任大韩民国陆军参谋长，日后出任总理，即毕业自军官英语学校。1946年秋天，军校第2期毕业生中有领导1961年政变的朴正熙，以及后来在1979年谋杀朴正熙的韩国中央情报部部长金载圭。这两人也都曾在"满洲国"的日本军队中服役任职。美国资助的作战情报学校于1949年6月改名为南山情报学校，

后来成为韩国中央情报部令人闻之丧胆的刑讯逼供的处所。³

对于这些结果的抗拒,其实在南方犹大于在北方。1946年10月、11月的一场大叛乱,使美国占领当局阵脚大乱,它是与前几个月和地方上掌权的人民委员会无数小冲突的总爆发。1948年10月又在西南部丽水港及周围地区发生了另一场大动乱,游击抵抗迅速蔓延开来。它对韩国西南部地区和济州岛的影响最大,也使得美军指导的韩国陆军和韩国国家警察在1948年和1949年疲于奔命。同时,1947年初,金日成开始派遣朝鲜人协助中国共产党打国共之战,此后两年,数万名士兵获得了宝贵的实战经验。这些士兵后来成为朝鲜人民军的主力作战部队,组成了好几个师在朝鲜战争中作战。

美国对朝鲜的政策在1945年和1946年受到了地方事件影响,尤其是南方强大的左翼使占领当局走向早熟的冷战遏制政策。占领当局实质上的决策及其对韩国右翼的支持,遭到美国国务院的反对;在这段时期里,韩国是政策冲突及日后美国在整个第三世界的政策的微缩世界,但是当遏制在1947年初成为华盛顿的主导政策时,它产生了核准占领当局行动的效应。美国的内部文件显示,韩国十分接近希腊和土耳其,一起被纳入了关键的遏制性国家中;虽未被公开承认,事实上它成为1948年至1950年期间经典的遏制案例:美国派驻了一个军事顾问团,一支马歇尔计划经济援助小组,还有联合国的支持,且有全球规模最大的大使馆。

新的对朝政策源自杜鲁门主义以及对日本的"逆转路线"(reverse course)——它创造了区域政治经济的新逻辑:让日本再度成为东亚和东南亚的工厂,再次从其旧殖民地及属地取得市场和资源,但又不能使日本军国主义复活(美国负责提供日本防务需求——从当时起,迄今仍是)。国务卿乔治·马歇尔1947年1月29日下条子给艾奇逊,表示"请起草一项政策计划,筹组一个韩国政府,将其经济和日本经济连结起来"

时，他掌握了精髓，预见到了从1947年起直到1965年韩国终于和日本关系正常化期间，美国对朝政策的方向。艾奇逊后来成为美国国内力主把韩国保留在美、日势力圈内的人物，一手策划了美国对朝鲜战争的介入。

李承晚领导的大韩民国成立于1948年8月15日，麦克阿瑟当天很骄傲地站在观礼台上。李承晚是经1948年5月在联合国观察下选出的立法机关推选的，而立法机关的选举又是约翰·福斯特·杜勒斯在联合国大会运作得来的。这些选举实行了日本殖民期间制订的很有限之投票权，只有地主和大城市的纳税人才有投票权，投票日里宪兵和青年团团团围住所有的投票所。联合国"在1947年是个相当小的机构，实质上受美国所主宰"[4]，苏联可以否决安全理事会的决议，但美国控制了联合国大会。即使如此，联合国专员宣布选举在他们能够到达的朝鲜各地（意即北方不在其内）是自由、公平的选举。联合国的认可给予了大韩民国极重要的正当性。

军政厅时期的朝鲜西南地区

日本战败之后头一年出现的机会之窗，或许可给美国占领朝鲜以不同的未来——在这个未来中或许不至于发生两朝分裂以及两年之后两败俱伤的战争。西南地区的情况是从日本帝国主义手中解放后全朝鲜各地状况的缩影，那时是危机政治演出的精彩时刻，也是现代朝鲜史上与众不同的根本转折点。在全罗南道——后来最为叛逆的一省——美国人与地方领袖合作，至少有一段时间没有试图改变反映人民意志的地方机关的政治信念。历史学家金永寿（Kim Yong-sop）在他的许多书中都说，全罗南道是1890年代初期东海农民起义的现场，因为它汇集了朝鲜人的巨大财富——本地区号称湖南（译按：湖江以南地区）肥沃的谷仓——日本出口商把朝鲜稻米由西南地区各港埠运销日本及世界。换句话说，这是现代和帝国交会的要冲：朝鲜人希望自治和自强，遂有原始民族主义的叛乱，帝国利益（日本、美国、俄国、英国）则在世界经济中相互竞争，决心占朝鲜人财富（或积弱不振）的便宜。东海叛变被敉平多年之后，日本导游在1920年代仍警告游客千万别进入全罗南道内地，其首府光州也就是1929年学生反日叛乱和1980年反抗军人执政运动的现场。

我在1970年代前往全罗南道旅行，当地人士经常以毫不掩饰、直率仇视的眼光瞪我，这是韩国其他地方罕见的情况。道路大多还是土石路，皮肤黝黑的农夫弯身拉牛犁田，或像动物般背驮重物，茅草屋突显着农家的穷困。老旧的日本式市役所（市政府）和火车站从殖民时期起就没有变过。警察往往不知从哪里就冒出来，拦下巴士检查每个乘客的身份证。他们的态度愠恼，带着敌意，和我在美国都市贫民窟碰上的警察没有什么两样。

事态或许可以不一样。让军政厅最感矛盾的一件事是，它在占领期第一年里最成功的计划是在全罗南道实施的。日本人战败之后，吕运亨领导的地方机关自立为"人民委员会"。已故的韩国总统金大中当时在木浦加入了人民委员会，后来汉城的军人当局一直以此抨击他（1980年全斗焕起诉他煽动叛乱，这也是一部分罪状）。这些委员会是爱国、反殖民统治的团体，有复杂的政治主张，但是汉城的美国人很快把它们统统称为"共产党"。（我们已看到霍奇将军在1945年12月10日即向南方区内的共产主义"宣战"了。）可是，在西南地区，美国民政事务组却与本地委员会合作了一年多（在济州岛的合作更长达将近3年之久），我是读了格兰特·米德（Grant Meade）的《在朝鲜的美陆军司令部军政厅》才第一次知道这件事。

美军部队直到1945年10月8日才抵达首府光州（比进驻汉城又晚了一个月），而民政事务组要到10月22日才出现。他们很快就认识到人民委员会几乎控制了整个道。（译按：韩国的省级单位称为"道"。）主掌光州的是曾被日本人以政治犯名义关押了11年的金奭（Kim Sok）。但是在宝城郡和荣光郡，地主控制了委员会，而曾替日本人效劳的警察仍然控制着一些小城镇。在矿区小镇和顺，矿工主导了委员会。好几个委员会是8月15日之后在罗州郡、长兴郡和其他地方经选举产生的，排除了前十年在日本人手下工作的官员。在光州的美国人，就和在汉城的美国人一样，希望恢复已经不复存在的日本人政府架构，甚至请原来的知事（省长）八木信雄留任到12月（他给美方提供了与日本人合作的朝鲜人的秘密名单）。金奭于10月28日以"密谋暗杀"之罪遭到逮捕。根据一位美国目击者的说法，对他的审判完全是一幕闹剧。不久，他又回到他在过去十年间所熟悉的环境：监狱。

然而，其他美国人承认人民委员会代表是"适用于各个乡镇某个派系的称呼"，其影响力和人物则各地不同："在某个郡，它代表'无赖汉'；在另一个郡，它或许是唯一的政党，毫无激进主张；在某些郡，它或许甚至推出（前任）郡守作为领导人。"弗兰克·巴特莱特中校主管军政厅第45队，这是少数专为朝鲜事务训练的队伍之一（其他大多数是为了完成占领日本的任务），他力促属下要了解地方政治意见的要旨。这一举动意在促成几个郡"改组"其人民委员会，不过巴特莱特这组人允许道内大部分委员会运作到1946年秋天。有一个重要原因：美方找不到证据说各委员会是"受到强大的中央总部"控制的。[5]

但是，一年之后，却不幸爆发了流血事件。我仍然记得有一天我在国家档案馆阅读一份39页长的报告《1946年11月全罗南道共产党叛乱事件》[6]。叛乱大约在此前一个月始于大邱，然后循着典型的农民战争的模式发展：某郡的叛乱会蔓延到一郡又一郡，像台球桌上的球相互撞击。这场大叛乱是韩国人对美军第一年占领感到十分不满,加上对美军在东南各道弹压人民委员会,且越来越有发展到西南地区的趋势的大反弹。它完全是朝鲜半岛最南方地区当地的事务,和北朝鲜或共产主义毫无关系。这份报告详述了1945年11月里五十多起事件的状况:

- 人民委员会形态的暴民攻击警察哨所;警察向暴民开枪,打死6个人。
- 1000人攻击警察局……警察向暴民开了一百多枪,杀死(人数不明)。
- 警察向3000名暴民开枪,打死5个人。
- 警察向60名暴民开枪……美国战术部队奉命出动;扣押6支矛刀、两把武士刀。
- 600—800人向警方开进,警察开火,杀死4个人。[7]

报告里的这些流水账,列出了小型农民战争的点点滴滴。读者在终于读完全篇报告时,才会发现看到的是埋葬了全罗南道无数农民尸骸的深渊。近年若是发生一起这样的事件,必然引起全国及国际的注意,但这些陈年往事仍尘封于历史中无人知晓的那一刻。诗人金芝河在他的作品《通向汉城之路》中对于全罗南道沙尘飞扬的道路和"干焦的山地"有深刻的描绘,但除了目击事件发生的人以及那些死者的后人,有谁会记得它?

死者的家属后来如何?——他们又是如何纪念一场没有人听说过的战争的?美国人怎么能够占领一个国家,然后在一年之后,把他们根本不了解的当地人贴上"共产党"或"暴民"的标签开枪射杀?这些美国人是否有人今天仍在世,是否还记得1946年秋天全罗南道农民战争的这一幕?他们难道不了解韩国人经历了日本人40年残暴的殖民统治之后组成了本土自治机关，和农民们持着农具揭竿而起，却被曾替日本人服务的对自己国家不忠的韩国人像割庄稼般杀伐，这其间的讽刺？

三陟市的光复

三陟是韩国东北方海岸的一个港口，离三八线约50英里。[8]日本殖民时期大型水泥公司小野田在朝鲜开办过几家工厂，这些厂除三陟厂之外，全都位于北朝鲜境内。和其他绝大多数工厂一样，8月15日工人们立刻推选了自治委员会接管了工厂，因此朝鲜人可以主导一切。他们在吴平浩（Oh Pyong-ho）领导下长年管理着工厂。吴平浩1943年从工学院毕业后就到厂服务，战争期间因为6个日本工程师被征调到陆军服务而离开工厂，使他晋升很快——在殖民统治的最后10年，这种事经常发生。他亲炙工厂工务局局长久寿川新太郎的教诲——久寿川是第二代的殖民者，1928年即在北方的胜湖里工厂服务。吴平浩是晋州一个地主家庭的长子，1945年时只有25岁。

禹镇洪（U Chin-hong）1920年就到三陟厂工作，后来从汉城善邻高等普通商业学校毕业，是厂里的一位熟练技术工人。（我在和平团服务时，凑巧曾在这所学校教过英文。）1943年，他已经是工务局的技术工人了。北朝鲜的工厂通常留任日本技术人员，最长达3年，但是三陟没有留下任何日本技术人员——因此，朝鲜人在光复时立刻接管了技术及管理职位。

大约9月15日，军政厅民政事务组的查普曼上尉来到三陟，拜访了工厂，说今后工厂的重要事情应该先和他讨论；他又接收了小野田宿舍区作为他的队部。不久之后，吴平浩前往汉城，要求军政厅提供财务援助，好让工厂维持运营。他从商工局余瀚相（Yu Han-sang）处得到了一些经费，10月1日工厂在朝鲜工程师和工人的主持下，恢复了全面运作。次月，来自左翼自由派的"全评"（全国劳动组合评议会）工会组织人在小野田成立支部。根据禹镇洪的说法，70%的工人是"左派"——他的意思可能是说他们想要有个工会。

1945年12月，军政厅颁布第33号命令，禁止所有的工厂设立自治委员会；它也宣布所有原本由日本人拥有的公、私财产全由占领当局接收——约为3000个物业，包括所有的大型工厂。在汉城有政治关系的人于是被派任为各工厂的经理人。被派来管小野田的是余瀚相的一位好朋友。这位经理人任职约一年，并不驻厂上班；后一位由汉城派任的经理人也一样，又是某位达官贵人的亲友，又不驻厂上班。

军政厅终于在1947年决定清除工厂里的左派分子。它已在一年多前宣布全评工会为非法组织，但工会仍然兴旺地发展，自治委员会也照样活跃。30名所谓的左派分子和赤色分子（包括工厂委员会所有的领导人在内）遭到逮捕，依然列名自治委员会的工程师吴平浩也是其中之一。余瀚相回忆说，过了几年，工人的政治观点慢慢逆转了；到1950年代，70%成了所谓的右派分子。他们也没有组织工会。

当常规战争在1950年6月开战时，大部分自治委员会成员又加入了工厂的行列。某些经理人和工程师逃往釜山环形防御圈，但并非全跑光了。从1950年秋天到1952年4月，工厂在南、北军队之间几度易手，南方人终于抢回了它——北朝鲜部队营运工厂3个月之后永久地撤走了。后来，李承晚的友人在1957年把工厂卖给了第五个由汉城派任的不驻厂主人姜则善（Kang Chik-son）。4年之前，美国人把632000美元的联合国救济金发给工厂，虽然其实它在战时并未被毁坏——除物料被盗、大起重机被拆之外，其他设施都完整无缺。到了1960年代，曾受教于久寿川新太郎，被贴上左派、"赤色分子"标签的吴平浩，已经是全韩国首屈一指的水泥工程师。所谓左派分子禹镇洪在三陟经营自己和水泥业有关的事业。

我们或许可以从 20 世纪中叶朝鲜史上的这则故事中得到许多启示，但有一点特别清晰：它述说的虽然是一家水泥厂的故事，其实是一则关于政治后果的故事——当下做的政治抉择似乎很小（如查普曼上尉到达小野田工厂），但对日后的影响却极其深远。假设查普曼上尉说"吴先生，干得好！请继续努力——对了，我也是工会分子"呢？在这些互动之中，没有所谓的中立、不偏袒、客气表示不介入、美国人的占领政府只是旁观者这回事。不论查普曼上尉和他在汉城的政治上司做或不做，他们都做了抉择。正是美国人、苏联人、朝鲜人在许久之前某个暖和的 9 月在整个半岛做出的这些抉择，最后导致了这次国内冲突，即美国人所说的那场"被遗忘的战争"。

济州事件

在美国占领下的"和平时期"，济州岛发生了重大的事件——一场农民战争——经过数十年的压制，济州人民终于站起来说出了他们的故事，并要求赔偿，而"这场屠杀是出于战时紧急需要"之类的任何辩护之词都不足以减轻美国人的良知之责。美方文件的保密是对济州人民残忍、大规模的侮辱。没有人晓得有多少人死于这场屠杀，但长期保密的美方资料说，有 3 万至 6 万人被杀，另有多达 4 万人逃往日本（其中许多人仍住在大阪）。晚近的研究称死者达 8 万人，而 1940 年代末期，济州岛至多只有 30 万居民。[9]

直到 1948 年初，济州岛有效的政治领导都是由强大的左翼人民委员会提供的；它们先在 1945 年 8 月出现，后在美国占领期间（1945 年至 1948 年）继续存在。占领当局宁可不理济州，也不愿对委员会有所动作，它委派了一个正式的大陆领导体系，但允许岛上人民管理自家事务，结果就是左翼势力的强大。可是它和北朝鲜没有重要关系，和大陆的韩国劳动党也只有少许关系。和大陆相比，济州岛在1945至1947年间可谓治理良善且和平无事。然而，1948年初，李承晚和支持他的美国人推动单方组建韩国政府的进程时，济州人民的回应是强劲的游击起义，很快全岛就分裂了。

在李承晚主掌大权，要求手下官员闭嘴，并把整场变乱归咎于外国共产党的煽动之前，在军政厅工作的韩国人，把济州变乱归咎于济州的自治委员会在职太久以及警察和右翼青年团体的恐怖活动。霍奇将军1947年10月向来访的一群美国国会议员表示，济州是个"真正的公有地区，由人民委员会和平控制，不受太多的共产国际之影响"。不久，军政厅的一项调查估计，岛上"大约三分之二人民是温和左派"。有个大型的左派组织，主席是济州前任知事朴氏，他"不是共产党，非常亲美"。济州人民具有强烈的分离意识，不喜欢大陆人；他们希望不受管束。然而，这项调查的结论是：济州近几个月来遭受到官方恐怖活动的欺压。根据"反谍团"的情报，时任知事的柳海真（Yu Hae-jin）是个"极右派"，是与右翼青年团有密切关系的大陆人；他在"对付敌对政党时无情又独裁"。他认为任何人如果不支持李承晚，就"自动成为左派分子"；1947年一连多月，他试图禁止"任何团体的集会，除非得到他明确许可者"。

军政厅法官杨源礼（Yang Won-li）在1948年6月进行的官方调查中发现，"济州岛的人民委员会在解放后成立……以实质政府之姿行使其权力"。他又发现警方因残酷威胁人民，未能赢得民心。汉城检察官元德云（Won Taek-yun）说，麻烦是因官员无能引起的，不是"左派煽动"；变乱发生时，驻防岛上的宪兵指挥官金益烈（Kim Ik-yol）中校说，动乱的发生"应该由警方负全责"。

知事柳海真让大陆人及来自北方的难民充任岛上的国家警察，他们与"极右派政党的恐怖分子"一起工作。1947年底,济州市监狱约有365名犯人;有个美国调查人员目睹了35人挤在一间10英尺乘12英尺(译按:1英尺约0.30米)大的斗室里。"直接控制的粮食配给"亦由柳海真手下的"政客"掌控,不在官方正式的体制内运作。未经批准的谷物征收在1947年高达官定数量的5倍。当美国人1948年2月约谈柳海真时,他承认要利用"极右派力量"改造济州人民,因为依他的判断,济州人民中的"大多数"是左派。他辩称他这么做是因为岛上的政治"没有中间路线",非左即右。他说,警察控制所有的政治集会,不准"极左派"集会。虽然调查报告的作者建议将柳海真免职,但迪恩将军在1948年3月底仍决定保留其职位。[10]

让岛上人民最无法忍受的事,或许是听任所谓"西北青年团"的右翼恐怖分子团体控制及改造左派分子。1947年底,"反谍团"已就西北青年团在济州"四处搞恐怖活动"提出"警告"。在美国人的指挥下,这批青年参加了济州宪、警剿灭游击队的战斗。韩国新闻界在1948年6月有一则特别报道说:

> 自从一个青年组织(其成员是来自朝鲜西北部的年轻人)到来之后,(岛上)居民和来自大陆的人士之间的关系就日益紧张……他们或许受到共产党的煽动。可是,我们该怎么理解3万多人会不顾枪剑起而反抗?没有原因,就不会有行动。

据说,西北青年团"行使的警察权力超越警方本身,而他们的残暴行为引发了居民的深仇大恨"。[11]

在原本保密的美国占领当局的内部报告中,这个组织一向被描述为法西斯青年团体,在韩国各地从事恐怖活动。其成员主要来自北方的难民家庭,而所谓的"青年"中,包括了从青少年到中年的恶棍。为了对抗他们，美方仿效蒋介石的"蓝衣社"正式组建了自己的团体。1940年代末期，这个组织和其他青年团体，跟令人痛恨的国家警察相勾结，扑灭了一场又一场的罢工或变乱。

有案可稽的暴行十分极端、毫无缘故，其中仿佛有特殊的病理。我为了了解使朝鲜分裂的这一强烈、不断的恶性冲突，坐在胡佛研究所图书馆里详细阅读了西北青年团1940年代发行的一份杂志。杂志封面的图像是共产党将孕妇开膛破腹、用刺刀刺穿小孩身体、烧毁老百姓房子、打破敌对者脑袋。而这正是他们自己的政治性的做法。例如，在下贵里村，右翼青年抓了一个21岁的孕妇，因为她的丈夫涉嫌变乱。他们把她拉出房子，以尖矛刺了她13次，造成她流产。她和生了一半的婴儿被弃置在地，听任死亡。其他妇女遭到轮奸，经常是在村民面前公然为之，然后再把手榴弹塞进阴道引爆。[12]这种病态行为或许出自这群原先听命于日本人，而今又受命为另一个外国效劳的人的自我厌弃心理，也可能与韩国父权社会轻视女性的极端心理有关。

1948年3月1日发生了反对和大陆分别举行选举的示威游行之后，警方逮捕了2500名年轻人；岛民不久即从河中捞起一位青年的尸身，他是被用刑拷打而死的。金益烈中校认为，这个事件引爆了4月3日的变乱，它就是整起变乱的开端。[13]4月3日的乱事大部分发生在济州岛北部海岸，民众攻打了11个警察派出所，也造成其他事件——破坏道路、桥梁、切断电话线。示威群众谴责分别选举，并主张与北方统一。3名变乱的参与者丧生，但也有4名警察、12名右派分子死亡。当变乱的消息传到大陆时，木浦港附近的山头上亮起了信号之火，一些民众跑出来为"朝鲜人民共和国"欢呼。

5月间，大陆方面的选举正在进行，变乱蔓延到济州岛西部海岸，到了5月15日，已有35名警察和右派分子丧生；次日，警察开始拘捕百姓，把两个村子里的169人以协助游击队的罪名抓起来。济州岛无法举行任何选举了。到了5月底，只剩东部海岸尚未波及。国防警备队也进入山区，进行从东向西的扫荡。[14]

一个月之后，美军上校罗斯威尔·布朗报告说，韩国人和美军的军事部门整整审讯了4000名济州居民，断定4月间曾成立过一支名为"人民民主军"、辖有两个团的游击部队，估计它的实力是4000名官兵，不过不到十分之一的人有火器，其余人持刀剑、长矛和农具；换句话说，这是支仓促拼凑而成的农民军队。审讯人员也发现证据证明，韩国劳动党从大陆渗透进来不超过6个"训练有素的煽动者和组织者"，其中没有任何一个来自北朝鲜；他们在岛上有500至700名盟友，已在大部分村镇成立细胞组织。布朗宣称，有六七万岛民入党，不过比较可能的是，这个数字指的是人民委员会及群众组织的正式会员。"他们大部分是无知、没念过书的农民和渔民，生活因战争及战后的艰困大受干扰。"[15]

李德九（Yi Tok-ku）是叛军指挥官。1924年出生在岛上新川里村一户贫穷的农／渔民家庭的他，后来和兄弟姊妹前往大阪当童工。他在解放之后回到新川里，成为劳动党积极分子，后在1947年被捕，受了3个月酷刑，出狱后开始组织游击队。[16]游击队号称"人民军"，但并没有集中的指挥，只以80至100人的机动单位活动，通常彼此并无联系。当然也因为如此，整个运动很难扑灭。"反谍团"也没有发现北朝鲜人员或装备介入的证据。[17]

警方拒绝承认他们对变乱的爆发有任何责任，而是归罪于北朝鲜的煽动。警方认为这些煽动家能够激发民众，是因为"有学问、有财富的人"习惯住在大陆，"只有无知的人"才留在济州。警方说，由于本地人全互有关系，不肯"强力、坚决"地处理抗争之事，有必要从大陆选派官员到济州岛任职。韩国国家警察总监建议应推动"爱国青年团体"的发展，并实施"合村"行动，把人民集中起来，使农村无从支持游击队。[18]

布朗上校在他的报告中说到，变乱已经导致"所有文人政府的功能全部瓦解",而韩国宪兵则采取"拖延战术",因此"需要有更积极的行动"。岛上人民因暴乱而惊慌,但即使遭受刑讯逼供,也不肯向审讯人员吐实:"血缘关系把岛上大部分家庭联为一气……使我们极难取得情报。"美国直接涉及敉平变乱的动作有:每天训练反叛乱作战部队、审讯犯人、利用美国侦察飞机逼游击队现身。有一家报纸报道,美军至少在1948年4月底曾介入过一次济州的冲突,一群韩国记者甚至在6月间指控,日本军官和士兵被秘密运回济州岛,以协助敉平乱事。

1948年5月22日,布朗上校设计出下列程序以"瓦解"动乱:"警察被赋予明确任务,保护所有的沿海村镇;逮捕携带武器的乱党,不再杀害及恐吓无辜人民。"宪兵奉令进入岛上内陆,驱散所有的游击队分子。布朗又下令全面、持续审讯所有被捕的人,也要切断游击队的补给。他预期要推行一个长期计划,"确实地证明共产主义的邪恶","显示美式生活"才是岛民的"积极希望"。从5月28日至7月底,超过3000名岛民遭到逮捕。[19]

遵循日本人的剿匪做法,整个济州岛内陆被宣布为"敌区",村民被强迫迁到沿海村镇,山区——主要是耸立于该岛的火山汉拿山——被封锁。山坡上的村镇有半数以上的房舍被烧毁,被认为协助过叛党的平民遭到屠杀。到目前为止,老百姓受害最为惨重,有些人被起事者所杀,但大多数是被警察及右翼青年痛下毒手。妇孺老弱留守村子,却在遭刑讯逼供追问叛党行踪后,又被杀害。金益烈中校8月初率领警备队11团3000名兵力回到大陆,他告诉记者说,济州岛"几乎所有的村子"都十室九空,居民不是躲到内陆接受游击队的保护,就是撤到沿海地区。他暗示,躲入山区的人较多。这位济州国防警备队的指挥官说,"所谓山区的人,白天是农夫,夜里则是乱党";"因为不知道如何辨识这些人,警察有时大为恼火,不问青红皂白对整个村子开火"。警备队拒绝实行同样的方法滥杀无辜时,警方便骂他们是共产党。驻韩美军顾问团

1948年底有份报告指出，剿匪司令部"烧毁了相当多的村庄"；报告又说，济州方面又征募了3个营的警备队，兵员"主要来自西北青年团团员"。岛民现在开始提供有关游击队的信息——显然是因为若不合作，房子就会被烧毁。[20]

宪兵第9团后来控制了高地的几个地点，把村民赶到海边，这样才能断绝游击队的粮食补给，逼他们走出山区的藏匿处所。海军船只也封锁了全岛，使游击队无法从大陆取得补给。[21]到了1949年初，岛上七成以上的村庄全被烧毁。4月间，情势更加恶劣：

> 济州岛在月初实际上已被从中央山顶下来的叛乱者占领……他们的同情者可能有15000人，在150名至600名训练有素的核心战士的激励下，控制了岛上大部分地区。三分之一人口挤进济州市，65000人流离失所，也没有食物。[22]

这时候岛上已有两万户的房子被摧毁，三分之一人口（约10万人）集中于沿海"受保护"的村镇。农民只准在防线周边的村镇附近耕作，一则是因为内陆"长期不安全"，一则也怕他们会协助变乱者。[23]

不久，游击队基本上被打败了。美国大使馆官员庄莱德（Everett Drumwright）在1949年5月报告中说："全面剿灭游击队的作战……于4月间实质终止，秩序恢复，大部分叛党和同情者被杀、被捕或投降改正。"约翰·穆乔（John Muccio）大使发电报给华盛顿说："工作已大致完成。"因此不久即有可能举行特别选举，终于可以选出济州岛民进入国会了。长期担任汉城首都警察厅厅长的张泽相出马竞选一席地位。[24]到了1949年8月，情势已经非常明显，起义已经止息，叛军首脑李德九也终于被处决。和平降临了。不过这是政治坟场的和平寂静。

美国1949年公开的报道说，15000至20000名岛民死亡，但大韩民国官方数字是27719人。北朝鲜说，有30000多名岛民被"屠杀"。然而，济州知事私下告诉美国情报部门说，有60000人死亡，另有40000人逃到了日本；官方说有39285栋房舍被烧毁，但知事认为，"山区的大多数房子"全毁了：400个村镇，只剩下170个。换句话说，六分之一至五分之一的岛民丧生，超过半数的村镇被毁。[25]

美国目击者说，西北青年团主掌济州后，对岛民继续"行为举止粗暴不堪"；"警察首长就是这个组织的成员，使得事态更加恶化"。就像斯坦利·库布里克的电影《发条橘子》那样，"小流氓"变成了警察。西北青年团不仅和国家警察密切合作，不久还集体加入了警队。到1949年底，西北青年团300名团员加入了济州岛警队，另两百人进入了地方政府或转去经商，"大多数发了财，成为（当局）宠信的商人"。最高军事指挥官和副知事也来自北方。当然，"尽管政府的控制已经易手3次"，"岛上的有钱人"却照样有权有势。大约300名"瘦弱的"游击队员仍关在济州市监狱里，另两百人据信在逃，但已经无法活动。农民和渔民必须持警方发放的通行证才能下田、出海。[26]

1950年6月，战争爆发之前不久，美国大使馆的一项调查发现全岛已经和平，游击队只剩一小撮人。美方报告说，战争期间，釜山防御圈的警察把全岛人民的收音机统统集中起来，使岛民无从知道北朝鲜在大陆的进展；唯一的电话网由警方控制，一旦北朝鲜要侵入济州岛，它将是主要的联系工具。然而，美国人臆测，济州被"颠覆的可能"仍然存在，因为"在事变中被当作共产党同情者而遭杀害的人，估计仍有50000名"。27000名岛民被编入"全国教导同盟"这个由国家设立用来感化左派分子的组织。1954年，有位观察家对济州有如下的描述："村庄派出哨兵守住石墙上的瞭望台；有些村庄在石墙外挖深沟，填进荆棘，以防盗匪侵入。"[27]

金圣涯医师（Dr. Seong Nae Kim）是济州事件幸存者最有力的代言

人,他说那些被压抑的暴力记忆会在梦境或突然中出现——幽灵、鬼魂、巫师召唤,或是亲人"身穿血衣乍现即逝"。有个叛党的寡妇被警方纠缠得患上了抑郁症,后来自杀身亡。家属甚至因为害怕会被列入黑名单,不敢提死者的名字或做祭拜;假如某个亲戚被贴上共产党的标签,依据连坐法,整个家庭的生存机会都会受到影响。遗忘是特效药,可是药效非常短暂。记忆常常不理会你的意愿,突然浮现出来。死者在睡梦中归来,恐怖在梦魇中重现。头脑会有应对机制——接受国家的说法:如果兄长是被右翼青年团体杀害的,就说是共产党杀了他。随着时间的推移,遗族会把这种颠倒的事实变成回忆的真相。可是,大脑很清楚,这是谎言,因此精神创伤会在噩梦中回归,死者的幽魂会呼唤血债血还。[28]

丽水变乱

济州事件犹在进行中,又发生了一桩更吸引注意力的事件,它也的确出现在国际新闻媒体的报道中:东南部的港口丽水发生变乱,变乱旋即蔓延到其他郡,且似乎一度动摇了此一新生国家的国本。丽水变乱的直接原因是 1948 年 10 月 19 日,大韩民国陆军第 14 团和第 6 团有人拒绝开拔到济州平乱。在这桩事件中实际上制伏叛党的指挥官又是美国人,但得到下列几个年轻的韩国上校相助:丁一权、绰号"胖子"的蔡秉德(Chae Pyong-dok)和金白一(Kim Paek-il)。驻韩美军顾问团团长威廉·罗伯茨将军命令美国人不许直接参加战斗,但这道禁令不时被下属置诸脑后。美军顾问派驻到了大韩民国陆军所有的单位,但最重要的顾问是战斗司令部首席顾问哈雷·富勒上校、驻韩美军顾问团"参三"的詹姆斯·豪斯曼上尉和"参二"(情报)的约翰·里德上尉。[29]

10 月 20 日,美军"参二"情报处长建议由驻韩美军顾问团"处理情势"，指挥韩军恢复秩序，"不需由美军介入"。罗伯茨说他打算"尽早防堵、镇压叛党"，并于10月20日下午带了一组人马飞往光州指挥行动。这一小组中有豪斯曼、里德和另一位驻韩美军顾问团成员；另外还有"反谍团"的一位美国军官以及丁一权上校。次日，罗伯茨和讨伐叛军战斗指挥官宋虎声（Song Ho-song）会面，力促他"各处都出重手打击……不得有任何东西横阻于前"。罗伯茨给宋虎声的"指示函"说：

> 你的任务是以强大的优势力量迎战叛军，予以粉碎……由于政治及战略的重要性，顺天和丽水务必尽早夺回。从叛军手中解放这些城市将是具有重大宣传价值的道德及政治之胜利。

美国C-47运输机负责载运韩国部队、武器和其他物资；驻韩美军顾问团侦察机在整个叛乱期间侦察该地区；美国情报机构与美、韩军方密切合作。[30]

由于丽水事件之后，游击队在大陆建立了力量，所以遍布韩国作战地区的美国顾问，一再盯着韩国指挥官，促请他们加劲儿敉乱。在这期间成名的是豪斯曼。他是敉平丽水变乱的主要策划人之一，此后30年或许是美军在韩最重要的军官，是美、韩军方和情报机关之间的连结点。豪斯曼在一次接受访问时，自称是韩国陆军之父。这句话与事实并不太远。他说，大家都知道这一点，连韩国军官们都在内，只是不能公开说而已。同时，在关掉摄影机谈话时，豪斯曼说韩国人是"残暴的王八蛋"，"比日本人还恶劣"；但他试图教他们如何使残暴更有效，例如，在被处死者的尸身上洒汽油，才能隐藏处决的方法或把它栽赃到共产党头上。[31]可是，在美国国内，几乎没有人听说过豪斯曼这号人物。

从美国人的角度看，如果说李承晚政权有什么巨大的成功的话，那就是在1950年春天击败了南方的游击队。一年之前的形势似乎是游击队将会随着时间的进展而茁壮成长；但是1949年秋天启动的剿匪行动，歼敌无数，让人觉得游击队再也无力在1950年初春发起重大行动。艾奇逊和凯南都把能否敉平内乱看作对李承晚政权存续的考验：如果成功，美国支持的遏制政策就会成功；如果不成功，李承晚政权将被视为另一个国民党（蒋介石）政权。原任战略情报处副处长的普雷斯顿·古德菲勒（Preston Goodfellow）上校在1948年底给李承晚写了一封信，信中提到他本身"有许多机会（和艾奇逊）讨论韩国局势"，他告诉李承晚：必须"迅速清除（游击队）……大家都在注意韩国如何处理共产党的威胁"。政策软弱，会在华盛顿失去支持；处理得当，"韩国将受到高度尊敬"。32 因此，获取美国的支持对大韩民国陆军保有在济州岛、在大陆对付游击队的强烈意愿来说，是至关重要的。

即使内部文件记载了韩方令人恶心的暴行,美方仍然公开赞扬李承晚政权的剿匪行动。早在1949年2月，德鲁威特就报告了在全罗南道韩国陆军"有些不怎么问青红皂白就毁坏村庄"的行为；但是一星期之后，他说他支持这样的作为——如果问青红皂白的话。他说："对付共产党威胁唯一的办法是，让非共产党的青年在肃清（游击队）之后紧密组织起来，并且和左派团体一样无情地行动。"他也建议利用美国传教士搜集游击队的情报。33 美、韩双方经常为什么才是平乱的适当方法起争执，但是他们在冲突中得出一个结论：采用美国的方法，加上日本人在中国东北寒带气候、山地地形条件下发展出来的进剿技术，交由曾在日军（经常就是在中国东北）服过役的韩国军官执行。我们已看到，冬天迅速使局势转为对剿匪部队有利；大部队设立封锁线，小型搜索行动部队进入山区扫荡。34

美国记者休·迪恩1948年3月颇有先见之明地说，韩国很快将发生像希腊或华北那样的内战："北朝鲜将被指控派出煽动者和武器进入三八线以南地区，朝鲜问题将被弄得像是韩国抵抗来自北方的侵略一样。"可是他认为最麻烦的问题将来自西南部的全罗道，这里距离北朝鲜最远——除了济州——结果却出现了最大规模的变乱[35]。迪恩的预测可以说是样样中的：这个地区变乱势力果然最强大，这件事果然也成为美国的说辞，不仅如此，还成为历史的评断。任何对游击作战有所了解的人，都会认为那是受到外来刺激即北朝鲜得到苏联撑腰及武器之后发动的，而美国袖手旁观，让李承晚政府独自和渗透者作战。可是，证据显示，苏联和南方游击队没有瓜葛，北朝鲜只和东北江原道的渗透及游击队有关联；反而是表面上不介入的美国人，组织和装备了韩国对付变乱的部队，给予他们最好的情报，规划他们的行动，且经常直接指挥他们。

《纽约时报》记者沃尔特·苏利文几乎是外籍记者当中唯一一位紧盯着要找出大陆和济州游击战争真相的人。他在1950年初说：韩国大部分地区"今天笼罩在举世无双的恐怖乌云之下"。游击队凶猛地攻击警察；警察逮到游击队员，把他们押回老家村子，用刑拷问情报，然后，把他们枪毙，尸身挂在树上示众。他写道，游击队的坚持不退，以及冲突的"极端残暴"，"令此地许多美国人不解"。但苏利文又说，韩国"贫富悬殊"，中农和贫农仅能"勉强糊口"。他采访了10户农家，没有一家拥有耕地，全是佃农。地主取走30%的收成，另外的捐税——政府的税及名目繁多的捐——又占全年其余收成的48%—70%。[36]韩国人民作乱的主要原因是一般朝鲜人中古已有之的祸端——土地关系中的社会不平等，以及一小撮富人精英和广大穷人之间的鸿沟。

最后，南部地区有高达10万名韩国人在朝鲜战争之前的政治暴力下就已丧生；朝鲜战争一开始，至少又有10万人丧生。西班牙内战以手足相残、血腥残忍著称，由此产生的仇敌心理历50年未退。近年来学界对佛朗哥在西班牙内战期间及之后恐怖统治下的政治杀戮（仍然未有完全的统计，只有50个省当中37个省份的数字）的研究估计，约有101000人丧生；如果推估其他13个省份的数字，恐怕遇害总人数在13万至20万之间。[37]朝鲜的内战始于1950年6月之前，迄今还在进行中，西班牙或许是最合适的比较对象。

济州岛和西南地区的叛乱起源于导致大量人民离乡背井的日本的残暴占领，和1945年就在岛上掌握权力、持续到1948年的地方政府之简单正义（Simple Justice），以及李承晚强加的大陆人独裁统治的可怕的不公正——美国占领当局又坐视不管，除了协助、教唆李承晚政权之外。正是在这个美丽的济州岛上，战后的世界首次目睹了美国的罪责：针对争取自决和社会公义的本地人无情地使用暴力。

沿着三八线的战斗

大韩民国很快就为应对内部叛乱及北朝鲜威胁而扩张了武装部队。1949年夏末，它的军队已达10万人，而北朝鲜到1950年春天才达到这个数字。然而，美国实行的是遏止内战的决策，希望抑制住敌人及盟友，因此，它拒绝给予韩国军队重型武器装备，如坦克、飞机，以免被用来攻击北朝鲜。美方也设法阻止韩国一头热的指挥官沿着三八线挑起冲突。不过，他们的后一项任务并不成功：1949年5月至12月，沿着边界线的激烈战斗，依美方内部记录，大多是由韩国部队挑起的，这也是联合国在1950年派军事观察员到朝鲜半岛的主要原因——对南、北双方都进行观察。

虽然韩国在1949年夏天之前发动了许多次小规模的跨界攻击，北朝鲜也乐于同样地还以颜色，不过，最重要的边界战斗于1949年5月4日发生在开城，是由南方先动的手。战斗进行了4天，根据美方及韩国的官方记录，北方死400人，南方死22人，另有100名平民在开城丧生。[38]南方投入了6个步兵连或几个营，其中两个连叛逃北方（事后平壤亮出他们的美式军服，大做宣传）。几个月之后，依据投诚者的证词，北朝鲜宣称由金锡源率领的几千人部队于5月4日早晨在松岳山附近越过三八线发起攻击，双方为此展开了长达6个月之久的战斗。[39] 金锡源是韩国极重要的第一师的师长；他出身北方，我们已知道他在1930年代末期为日军效劳，曾在中国东北追捕金日成。李承晚1948年正式掌权后，倚重的是金锡源和一小群前"满洲国"军官，主要是有在日军服役平乱经验者。开城之役后的几星期，金锡源向联合国朝鲜委员会报告他担任大韩民国陆军部署在三八线的部队的司令官的原因是：南方和北方"随时可能发生重大战斗"。他说，韩国已进入"战争状态"，"我们应该有个突破1945年以来即已存在的三八线，光复失土——北朝鲜——的计划"。金锡源告诉联合国朝鲜委员会，大战发生的时刻正在迅速临近。[40]

1949年最惨烈的一战发生在8月初，当时北朝鲜部队正在攻击占领了三八线以北一座小山头的韩国部队。战斗进行了多天，其时李承晚和蒋介石正在举行重要的高峰会议。8月4日清晨，北朝鲜发动了密集的大炮和迫击炮攻击，清晨5时30分，4000至6000名北朝鲜边防士兵开始进攻，以驻韩美军顾问团团长罗伯茨将军的话说，他们在寻求"收复被韩国陆军占领的一处北朝鲜境内的高地"。据穆乔大使的说法，南方"被彻底打败"；大韩民国陆军第18团两个连的士兵被歼灭，留下数百具尸体，北朝鲜人占领了山头。[41] 8月16日，穆乔说，李承晚在和他谈话时

……丢出一个想法……他可能换掉（参谋长）蔡（秉德），派金锡源接任……金锡源长期以来是李承晚的爱将。去年秋天，李承晚向柯尔特（Coulter）将军和我提到，金锡源请缨，若能以两万支步枪装备曾在日本陆军服役的充满爱国精神的沙场老将，他可以"处理掉北方"。（韩国）国防部长、参谋本部和美军顾问全都反对金将军。他们认为他不是好军人，而是说话狂妄的家伙。他们提醒我，他倾向于在他的防区刺激北方部队，诉诸日军的"自杀式进攻"，并把他的部

队全部布防在前线最危险的地方,没有适度的预备队。他们特别反对他不理指挥部,径自向李承晚总统报告的做法。[42]

罗伯茨将军的确命令韩国指挥官不得进攻,并且威胁说,他们若是进攻北方,驻韩美军顾问团就要撤走;英国的消息来源说,大韩民国陆军指挥官们满脑子"以征服手段光复北方的想法。唯有美国大使严厉警告(如果这样做)美援将会停止……才阻止了(韩国)陆军在共产党进攻瓮津时,企图在另一点越过三八线发起攻击"。[43]

当借助若干苏联新材料(虽然零散)观察南北双方时,我们发现金日成对朝鲜战争的基本概念和李承晚相当近似,并且深受1949年8月作战的影响:亦即进攻瓮津的口袋地带,向东抢占开城,再观后效。最起码,这可以替平壤建立更安全的防线(它在瓮津及开城夹制下,相当脆弱)。最好的话,它可以打开北军南下汉城之路——也就是如果南军崩溃,他就可长驱直入,在几天之内攻克汉城。我们由此看到大韩民国第2师和第7师在1950年6月底溃败的重要性:它打开了历史性的进攻走廊,3天之内北朝鲜人民军就进入了汉城。这也是为什么熟悉朝鲜内战的人士怀疑这两个师里可能隐藏着第五纵队。[44]

抢占瓮津半岛的军事作战是苏联文件里的重要议题[45]。根据这些材料,金日成最早在1949年8月12日,也就是紧随8月4日的战役之后,就向苏联驻平壤大使什特科夫(Terenti Shtykov)提出了进攻瓮津的构想。和南方的领导人一样,金日成也想咬掉一块韩国暴露在前方的领土或是攻占一座小城市——例如,整个开城,或是刚跨过三八线、位于瓮津半岛的海州,这是南方指挥官在1949年至1950年间想要占领的目标。我们也看到,苏联一样在设法节制一头热的北朝鲜领导人(包括金日成在内)。金日成谈起攻打瓮津的构想时,两位苏联大使馆重要官员"试图把话题转到一般议题上"。苏联文件也显示了这场内战在1949年底得来不易的逻辑，也就是南北朝鲜双方都了解，如果他们没受到对方挑衅就发动总攻击，或甚至只是攻打瓮津或铁原，他们背后的大老板都不会帮他们。什特科夫1950年1月发回莫斯科的一封电报透露，金日成很不耐烦，因为南方"还没有发动攻击"（因此他没有理由动手攻打韩国），而且驻平壤的苏联人再次告诉他，他不能因进攻瓮津而冒触发全面内战之险。（南方最后一次跨越三八线的进攻是1949年12月由白善烨的哥哥白英烨率领的。）

然而，北朝鲜还未做好战争的准备，因为它还有数万人的部队在中国作战。即使韩国有重大挑衅，如1949年夏天数艘韩国船只侵入北方海域并炮击一座小港口。然而，1949年8月至9月，大批经过实战锤炼的部队悄悄回国，到了1950年初，中国内战结束后，又有5万名军人回国[张叔广（Chang Shu-guang）说，在华北与中共并肩对日作战的朝鲜部队有9万人，1949年9月之前回国者有28000人，1950年初又有数万人陆续回国]。[46] 在朝鲜战争初期战果辉煌的精锐的第6师，就是全部由中国考验过的沙场老兵组成的。它的师长方虎山即是1920年代的黄埔军校毕业生。1950年春天，金日成把第6师布置在西岸靠近三八线的小城海州的北边。

因此，双方在1950年的逻辑是等着看谁蠢得先动手。金日成蠢蠢欲动，希望南方明确地挑衅，而南方的激进将领也希望激起不是本方挑衅的攻击，这样才能得到美国的支持——这是南方有胜算的唯一办法。金日成已开始在莫斯科和北京之间玩弄心机。他在1950年1月19日的一场午宴上故意借几分酒意说话，让什特科夫听到，如果苏联人不帮他统一整个半岛，那么"毛泽东是我的好朋友，一向乐于协助朝鲜"。通常这些材料用于强调中共革命成功对北朝鲜的影响，而且北朝鲜和中国的交情是金日成的一张王牌，可用来替他的政府在两大共产党国家之间创造喘息的空间——或许他能够火中取栗。

金日成也在1950年初数度秘密访问莫斯科和北京，争取对他南进的支持。根据目前可得到的零散的苏联档案，节制了金日成好几个月的斯大林，在1950年初改变了主意，同意攻打韩国。他给金日成提供军事装备，并派顾问协助制订南进计划，但同时又设法让苏联和金日成的冒险举动保持距离（由于此举太明显，使得金日成在6月的最后关头改变了猛攻南方、夺取瓮津和开城或许加上汉城的计划，变成全面进攻）。很少有确切的证据可以证明金日成和毛泽东商量过，但当时的其他证据显示，毛泽东或许比斯大林更支持金日成的计划。[47]

1949至1950年，李承晚也极力争取杜鲁门的政府部门（尤其是情报机关和五角大楼）支持他北伐，但美方通过提携过李承晚的古德菲勒的介入及数度汉城之旅告诉李承晚，除非是遭到无缘无故的攻击，华盛顿不会协助其政权北伐。古德菲勒在1949年12月由汉城回国后，和"中华民国驻美大使"（顾维钧）进行了讨论；古德菲勒告诉他，北伐的势头已经被改变：

> 韩国恃其十万精兵，亟欲北伐。但美政府亟欲制止韩国之挑衅，古氏甫衔命访韩回国。我询以韩境爆发战争之危险或可能性多大。古氏告以美政府立场如下：避免韩国主动攻击，然倘若北韩攻击，南将抗之，挥师北伐，并启三次世界大战；然侵略既是北方所启，美人民可以谅解。[48]

1950年5月底，李承晚政府乱成一团，不仅在国会选举中失去了许多席位，各派系亦激烈内讧。韩国驻美大使张勉让美国官员了解了此次危机——这是杜勒斯决定访问汉城（恰好是常规战争开始之前一星期）的主要原因。

本章所检视的冲突，是1945年开始的内战之标志点，这场内战以政治斗争始，在接下来两年中韩政府和人民委员会进行的斗争，导致了1946年秋天的大叛乱，其后又升级为游击队的有限战争及1948年至1950年的边界冲突。北朝鲜6月的南进本身是个高点、结局，把内部斗争带到了一个新的、决定性的层面，其实不需外界干预，它们就可以结束。因此，6月25日的确十分关键，因为那对朝鲜人可能是终点，而对美国人却是起点——而且一直延续到今天，只因为艾奇逊和杜鲁门在那个星期天决定发动反击。他们最初的反应是以有限战争恢复美方5年前划下的三八线，然而，不久，这场战争要如何打，似乎已不再有限制。

第六章

"最不对称的结果":空战

> 空战的特性就是,
> 为恶者未必得到恶报;
> 得到恶报者,
> 并未作恶多端。
>
> ——尤格·弗雷德里希

现在已是退休之龄的美国人或许记得,我们并没有打赢朝鲜战争。我们在1950年夏天协助韩国自卫成功,遏制住了共产主义;可是我们在1950年至1951年冬天,企图进攻、推翻北朝鲜的共产主义政权,却以失败告终。战事拖延日久,变得和拖到1968年的越战一样惹人嫌,杜鲁门成为美国历史上非常不得民心的总统,1951年12月的民意支持率只有23%(直到小布什出现,才比他更加不得民心)。[1] 美国人几乎不知道或不记得的是,我们对北朝鲜进行了3年的地毯式大轰炸,几乎完全不顾平民百姓的伤亡。更少人会觉得自己跟这件事有关系。可是,当外国人访问北朝鲜时,这是他们听到的有关战争的第一件事。空中攻击从全面、持续的火攻(主要是汽油弹),到威胁要用核武器和化学武器,在战争最后阶段甚至要摧毁北朝鲜的巨型水坝。这是对付日本和德国的空中作战的升级版,只不过北朝鲜是个第三世界小国家,战争开始没几天,制空权就全落在美国手上。

经过德国、英国和美国的多年实验和研究,到了1943年已很清楚:"烧毁一座城市比炸毁它来得容易。"结合燃烧弹和传统炸药,加上延迟引爆炸弹让消防队员不敢抢救,可以摧毁大面积的城市区域,而传统炸弹的冲击则相当有限。镁合金铝热剂棒成百万地捆绑在一起,功效奇大;再辅以苯、橡胶、树脂、乳胶和磷的混合剂,便成为前所未见的燃烧弹,可以在几分钟之内摧毁城市。1945年3月16日,盟军空袭维尔茨堡,17分钟就杀死了全城九成人口。设立城市"歼灭区"、取走众多老百姓性命,是交战各方都接受的结果——是"人民、国会和军队"都认可的事。弗雷德里希(Jorg Friedrich)因此说:"现代化认输,让位给新的、无法计算、无法控制的命运。"

为了糊弄公众,就假称能够精确瞄准目标,其实据秘密估计,大型炸弹命中目标者,不到一半。但是在适合的大气状况下,这些炸弹引发的大火烧毁了达姆施塔特、海尔布隆、普福尔茨海姆、维尔茨堡,当然还有汉堡(死亡40000人)、德累斯顿(死亡12000人)和东京(死亡88000人)。依丘吉尔的话来说,通过燃烧弹,"我们将让德国变成沙漠,是的,沙漠"。——唯有"以非常重型轰炸机进行有绝对杀伤性的歼灭性攻击",才能逼希特勒就范,目标是摧毁敌人及其人民的士气。[2]战后的《美国战略轰炸调查》表明,敌人的士气大多不受轰炸的影响,而且平民死亡的实际水平低于预估——换句话说,"远不及一般所预料的有数百万人之多"。士气没有被打垮,烧黑、烧焦、炸死或窒息的人命也没有数百万人之多。而且,这两个国家都是民主国家,因此有人出面批评针对平民的大规模攻击。(乔治·贝尔主教告诉英国贵族院,由于某个城市可能有些工业目标,就要"消灭全市",违反了"手段和目标之间的公道平衡"的原则。)[3]

美国最高级的空军军官决定在朝鲜重演火攻故伎。这是非常不成比例的计划，因为北朝鲜完全没有相同的破坏城市的能力。德国的战斗机和防空炮火，使盟国的轰炸行动不能得心应手，英、美飞行员和机组人员伤亡惨重，可是美国飞行员在北朝鲜可以尽情挥洒，要到战争末期苏联强大的米格机出现才稍为收敛。柯蒂斯·李梅将军后来说，战争一开始，他就打算烧毁北朝鲜的大城市，但五角大楼不准——那"太可怕了"。因此在3年里，他说："我们烧毁了南北朝鲜的每一座城市……现在，3年下来，这种想法被接受了，但是杀少数人以制止战争的做法，许多人仍无法接受。"⁴这种"有限度"的空袭有一个实例：1952年7月11日，美军"全面空袭"平壤，白天出动1254架次，晚上又出动54架B-29重型轰炸机。这还只是在"压力泵行动"（Operation Pressure Pump）下轰炸其他30个城市及工业目标的前奏曲。先是高密度的燃烧弹，接着是延迟引爆炸弹。

到了1968年，汽油弹的主要制造商陶氏化学公司，由于它生产的汽油弹在越南广为运用，无法进入大多数美国大学校园征才；但是投到北朝鲜的汽油弹多得不得了，效果更惨烈，却因轰炸没有被报道，在美国没有引起注意。北朝鲜比起越南，有更多人口稠密的城市，也有更多的城市工业设施。甚至，美国空军喜爱这种残酷的果冻般的武器，当时的专业杂志有许多文章称赞这一"奇妙武器"。*有一天，上等兵詹姆斯·兰塞姆的部队遭"友军"以这种奇妙武器误击，他的部属痛得不得了，在雪地里打滚，求他开枪毙了他们——他们的皮肤被烧焦，"像炸洋芋片"般剥落。记者看到许多老百姓被汽油弹浇烧——全身"覆盖着一层散布了黄脓的又硬又黑的焦皮"。⁵

---

* J. Townsend, " They Don't Like Hell Bombs," *Armed Forces Chemical Journal* (January 1951); "Napalm Jelly Bombs Prove a Blazing Success in Korea," *All Hands* (April 1951); E.F. Bullene, "Wonder Weapon: Napalm," *Army Combat Forces Journal* (November 1952).

美国在朝鲜又回顾了第二次世界大战空军的信条，认为火攻将侵蚀敌人的士气，提早结束战争，但其骨子里的意图是彻底摧毁朝鲜社会的结构：李奇微将军有时候强烈谴责"自由火力地带"*，但仍在1951年初要求有更大、更精良的汽油弹（千磅级，由B-29空投），认为这样才能"在战术地点彻底歼灭所有生命，保住我方士兵之安全"。国防部长罗伯特·洛维特说："如果我们继续毁坏那个地方，我们可以使它成为北朝鲜人最痛恨的事。我们应该径自做下去。"（洛维特1944年曾说，英国皇家空军在攻击敌人领土时不受什么限制，因此美国轰炸机应该"像皇家空军一样彻底毁灭全城"。）[6]

针对德国和日本的轰炸，还有一件很有讽刺性的事：老百姓牺牲最惨重的时期竟是英国皇家空军轰炸机部队司令阿瑟·哈里斯（Arthur Harris）和美国陆军航空队司令卡尔·斯帕兹（Carl Spaatz）已经没有目标可炸了之后——比最具破坏性的1945年3月之燃烧弹攻击提早了好几个月。城市被夷为平地是"因为轰炸攻势早早就自己成为目的，有自己的动力、自己的目标，不问战术或战略价值，也不问它是否造成不必要的苦难和破坏"。[7] 同样，几个月之内，北朝鲜境内已没剩下几个大型目标了；1951年底，空军判断已经没有目标值得动用"泰山"（Tarzan）了——那是最大的传统炸弹，重达12000磅，在1950年12月已被试图用来对躲在地下深处碉堡里的朝鲜领导人进行斩首行动。朝鲜战争期间，一共用了28枚"泰山"。[8]

轰炸北朝鲜水坝又是重复第二次世界大战的故伎。1943年5月，趁着水位最高的时候（和北朝鲜的情况一样），"惩罚行动"（Operation Chastise）攻击了鲁尔地区的两座水坝。莫厄尼（Moehne）水坝高40米，底部厚达34米；艾德（Eder）河水坝内蓄水量近两亿吨。"16000万吨

---

* 任何移动目标都可作为射击或轰炸目标的区域。——译者

的大浪潮，以9米高的浪头"，淹没了5座城市。皇家空军认为这是"有史以来最漂亮的攻击"。弗雷德里希的结论是，总体战（total war）完全吞噬了人类——"最先丧失的是他们的人性"。[9]

美国空军计划攻击北朝鲜的大型水坝，原先的构想是攻击20座水坝，可借此破坏即将收获的25万吨稻米。后来，轰炸机于1953年5月中旬乘新稻播种之际攻击了3座水坝：德山（Toksan）、慈山（Chasan）和旧院里（Kuwonga）；稍后，又攻击了南市（Namsi）和泰川（Taechon）两座水坝。这些水坝通称"灌溉用水坝"，和美国的许多大型水坝类似。鸭绿江的水丰大坝是世界第二大水坝，仅次于美国的胡佛大坝。它在1952年5月最先被炸（不过，从来没把它炸垮，因为怕激怒北京和莫斯科）。赴战江（Pujon）水坝的设计蓄水量是67000万立方米，压力梯度达999米；水坝水力发电站发电量20万千瓦。[10]根据美国空军官方历史记载，59架F-84战机于1953年5月13日炸破德山水坝高处的挡水墙，大水汹涌而下，摧毁了10公里铁路、5座桥梁、3公里公路、13平方公里稻田。德山水坝第一次破裂，"冲清"了43公里河谷，大水甚至冲进平壤。战后，北朝鲜发动了20万人次的劳力重建水坝。但是，美国国内对此似乎一无所知，只有《纽约时报》的每日战情报道里有一行小字提到水坝被炸，并且没有任何评论。[11]

终极之火

美国曾有多次考虑动用核武器，在1951年4月初差点就付诸实施——正是杜鲁门将麦克阿瑟解职时。现在已经很清楚，杜鲁门将麦克阿瑟解职并不只是因为他一再抗命，也是因为杜鲁门希望一旦华盛顿决定要动用核武器时，有个可靠的司令官在现场：换句话说，杜鲁门拿麦克阿瑟换他的原子弹政策。1951年3月10日，麦克阿瑟要求有"D-day的核能力"来维持朝鲜半岛战区的空中优势。此前情报界人士已表示，苏联明显已经做好把空军师移驻邻近朝鲜的地区的准备，并将苏联轰炸机安置于中国东北的空军基地（它们从中国东北的基地起飞，不仅可以攻打韩国，也可进袭日本的美军基地）。在此之前，中国已在中朝边境集结了大量新的部队。3月14日，范登堡写道："芬雷德芬勒特和洛维特告知已在讨论动用原子弹。相信一切均已就绪。"3月底斯特拉特迈耶（Stratemeyer）报告，冲绳嘉手纳空军基地的原子弹弹载坑已可使用；未组装的炸弹已送到当地，正在组装中——只缺最重要的"核心"（又称"囊"）。4月5日，参谋长联席会议下令，如果中国大量新部队投入战斗，或者轰炸机由东北起飞攻击美国设施，立即可用原子弹报复。

同一天，美国原子能委员会主席高登·迪恩开始安排调9个马克4号（Mark IV）"核心"到预定执行投弹任务的空军第9轰炸大队。参谋长联席会议主席布莱德利将军于4月6日得到杜鲁门的批准，把这批马克4号"核心""由原子能委员会移交给军方保管"，杜鲁门签署命令说可用它们来对付中国和北朝鲜的目标。空军第9轰炸大队进驻关岛。然而，"因麦克阿瑟被解职造成了混乱"，这道命令一直没发出去。原因有二：杜鲁门运用这场不寻常的危机，取得参谋长联席会议的同意，解除了麦克阿瑟的职务（杜鲁门在4月11日宣布这项决定），加上中方没有把战事升级，因此，原子弹就没用上。不过，9个马克4号"核心"在4月11日后仍由空军保管。空军第9轰炸大队也留在关岛，没再进驻冲绳嘉手纳空军基地。[12]

参谋长联席会议后来又在1951年6月考虑过动用核武器，这一次是在战术战场的状况下。战事持续到1953年，其间曾经多次有人提出同样的建议。罗伯特·奥本海默以"远景计划"（Project Vista）成员的身份前往韩国（"远景计划"意在评估战术性地运用核武器的可行性）。

1951年初，年轻的塞缪尔·科恩（Samuel Cohen）奉国防部密令观察第二度夺回汉城的战事，他认为应该会有办法既摧毁敌人，又不破坏城市。他后来成为中子弹之父。[13]

最令人畏惧的或许是"哈德逊港计划"（Operation Hudson Harbor）。它显然是另一项更大型计划——"表面上是国防部，其实骨子里是中央情报局，要利用朝鲜战争试用新型武器"——的一部分。"哈德逊港计划"想要确立在战场使用核武器的可行性，为了实现这项目标，B-29轰炸机于1951年9月及10月由冲绳起飞，前往北朝鲜上空模拟原子弹投弹，投下的是假仿原子弹或重型黄色炸药炸弹。它要求"实际操作涉及原子弹攻击的一切行动，包括武器组合与测试、前置作业及地面对炸弹瞄准的控制"等等。它指出，原子弹可能没有效果，但纯粹是出于技术原因，因为美方"极少有能及时确认大批敌军活动"的事例。[14]但我们可以想象平壤的领导人需要有多强大的钢铁意志：每天盯着一架B-29飞过来模拟演练攻击路线，原子弹6年前才在广岛和长崎造成重大伤亡，谁知道今天天上掉下来的原子弹是真是假。

紫色灰烬

威廉·迪恩将军从北朝鲜获释后写道："熙川令我大为错愕。我过去见过的这座城镇——两层的楼房、一条热闹的大街——已经不复存在。"他看到的是一处接一处的"无人居住的空城"，只剩下垃圾或"雪白的空旷空间"。[15]匈牙利作家蒂博尔·梅雷（Tibor Meray）朝鲜战争期间曾到北朝鲜采访，后因1956年参与反共叛乱而离开布达佩斯，流亡巴黎。当泰晤士电视台采访小组访问他时，他说姑且不论南北双方的朝鲜人是否凶暴，"我看到了美军造成的破坏以及他们干的可怕的事"：

第六章　"最不对称的结果"：空战

在北朝鲜，任何会动的人或物都是军事目标，在田里耕作的农夫经常遭飞行员的机关枪扫射，我的印象是（美军）飞行员以扫射会动的目标为乐。

梅雷于1951年8月抵达北朝鲜，目睹从"鸭绿江到首都（平壤）之间的完全毁灭"。北朝鲜根本没有剩下任何城镇。不断的、不分青红皂白的轰炸，迫使他们一行人必须一直借夜色掩护才敢开车：

我们在夜色下开车，因此我的印象是我们像在月球上旅行，因为只有一片疮痍……每座城镇都只剩下一堆烟囱。我不晓得为什么房子垮了，烟囱却不垮，当我经过一座曾有20万居民的城镇时，只见到几千个烟囱——其他什么也没有。[16]

有个英国记者发现有些社区什么都不剩，只有"一堆低低的、大块紫色的灰烬"。7月27日下午10点，空袭终于停止了，有架B-26在停火协议生效前24分钟还投下了雷达导引的炸弹。

依据美国空军的估计，到最后，朝鲜城市毁损的程度远远超过德国和日本。弗雷德里希估计从1942年至1945年，英国皇家空军朝德国共投下了657000吨炸弹，美国和英国合计投下了1200000吨。美国在朝鲜半岛投下635000吨炸弹（未计入32557吨的汽油弹），相形之下，"二战"期间整个太平洋战区才投下503000吨炸弹。日本有60座城市被破坏到平均只剩43%的程度，而北朝鲜各城镇遭破坏的程度，"从40%至90%不等"。北朝鲜22座大城市中有18座至少被炸毁50%。部分数据如下：[17]

平壤 75%

清津 65%

咸兴 80%

兴南 85%

沙里院 95%

新安州 100%

元山 80%

美国另一种官方历史说：

> 因此，我们杀害平民，友善的平民，轰炸他们的家园；用汽油弹烧毁有人居住的村子——通常妇人、孩童的人数是藏身其间的共产党士兵的 10 倍——飞行员回到军舰后，往往对自己的行为感到震惊，禁不住腹内痉挛，大吐特吐。

作者追问，难道这比"用强力炸弹和原子弹杀害数以千计看不见的平民"更糟吗？他们说，未必尽然，因为敌人"对人民的残暴比纳粹在波兰和乌克兰的恐怖行动"更加恶劣。[18] 除了这番令人惊骇的扭曲之外，请注意这一派人士的逻辑：由于敌人野蛮残暴，因此我们有权利对无辜者投下汽油弹。

朝鲜战争之后，美国空军说服许多人接受这样的观点：它的饱和轰炸迫使共产党结束了战争。空军将领奥托·维兰德（Otto Weyland）[*]认为，在北朝鲜 24 小时不停的轰炸所制造的"恐慌和民间混乱"是达成停火

---

[*] 维兰德 1950 年 7 月短暂担任战术空战司令，即调往东京出任远东美国空军副司令，1951 年 4 月回任战术空战司令，旋即因斯特拉特迈耶心脏病发，在 6 月接任远东美国空军司令。由于战术高明，维兰德于 1952 年 7 月晋任四星上将。他因协助日本改造其航空自卫队，被誉为"日本新空军之父"。——译者

第六章 "最不对称的结果"：空战

协议"最强有力的因素"。[19] 他错了，和他在第二次世界大战中犯的错误一样。但这并没有让空军不再于越南重蹈覆辙，它还是继续进行毫无目的的破坏。饱和轰炸在两次战争中都不是止战的因素——只造成了无法想象的破坏。

联合国的《禁止种族屠杀公约》界定的种族屠杀是"有意摧毁全体或一部分的民族、族裔、种族或宗教团体的行为"，它包括"强加一种集体生活的环境，旨在促使其全体或一部分的实质性毁灭"。公约在1948年通过，1951年生效——这时候，美国空军在联合国军事总部的监督下，正在对北朝鲜人民进行合乎此一定义的种族屠杀。另有些人说，对敌人的城市进行区域轰炸，在"二战"期间并不违法，要到1948年8月在瑞典斯德哥尔摩签署《红十字会保护战时平民公约》之后才被禁止。[20] 但这两项公约对这场轰炸毫无影响，它径自作业不停。

第七章

记忆之潮

> 这个时候的乡间非常警觉,
> 即刻就可以武装动员起来,
> 并且在城墙后、在侧翼各据点布防。
> 于是,
> 我们受到来自前方、侧翼和背后的袭扰……
> 我们看不到任何人,
> 除非是在丛林、石头掩体或大树的后面,
> 但只要看到他,他立即就开火。
>
> ——一位英军军官在莱克星顿说的话

安布鲁斯·毕尔斯(Ambrose Bierce)曾经写过一篇短篇小说《枭河桥事件》(Owl Creek Bridge)。和已故的约瑟夫·海勒(Joseph Heller)、保罗·福塞尔谈他们的"二战"经验,或迈克尔·赫尔很棒的越南回忆录《电讯》一样,战场写实使毕尔斯虽未愤世嫉俗,却成为描述人类处境的黑色幽默专家。毕尔斯以《枭河桥事件》《奇克莫加》(Chickmauga)、《嘲鸫》(The Mocking-Bird)、《三加一等于一》(Three and One are One)、《哨站恋情》(An Affair of Outposts)等短篇小说成名,这些全都取材于

他在美国内战中的经验。这是在美国领土上拉锯缠斗的最后一场战争。在内战当中，有六十多万美国人丧生，远超过美国在20世纪所有的战争中——从第一次世界大战、第二次世界大战，到朝鲜战争、越战和波斯湾战争——加起来之牺牲人数。内战使兄弟阋墙、父子反目、母亲自责。战争的记忆纠缠甚久，我们对密西西比州政府悬挂南方邦联的国旗依然积愤难平。我这辈子第一次到南方去孟菲斯的亲戚家小住时，才12岁。我大为惊骇地目睹了白人至上的种族主义，更赫然惊觉在南方人心目中我还是"北佬"（Yankee）——内战结束都已经将近一个世纪了！

毕尔斯最擅长用出人意料的结尾把内战中人性的真情刻绘得深刻入骨：在《嘲鸫》中，北军士兵约翰·格雷洛克在弗吉尼亚州西南部担任哨兵时，看到树林中似乎有东西在走动，就开枪射击。他相信一定打中了，遂花了几小时搜索。最后，他发现了一具尸体，灰色制服上有一个弹孔。死者威廉·格雷洛克正是他的手足。

在这则悲情故事里，毕尔斯没有进一步解释，但是提到了1861年弗吉尼亚州西南部"没有改变信念的平民"，他们以极大的力道困扰着约翰·格雷洛克的精神，仿佛要从每个角落跳出来杀死他——从树后窥伺、从树林中跑出来或躲在屋里。在《良心的故事》（The Story of a Conscience）中，男主角发现他杀的敌人间谍，竟是曾经饶过他性命的恩人，良心不安中，他饮弹自戕。在《奇克莫加》中，一位士兵的梦境历历如绘，使得我们相信他将和家人、亲属团圆，但故事结尾却是，这位男子站在他儿时的住家但已被烧为废墟的地方，母亲横尸现场，双手紧抓着地上的草。

《枭河桥事件》中，阿拉巴马的富翁、"南方农场主人"（亦即蓄奴者）佩顿·法夸尔即将被人吊死在一座铁路桥上。这是毕尔斯最著名的故事，因此许多人知道它讲了一个哀怨的梦：在绳子突然断裂，使他落入桥下湍急的水流之后，他将脱身和挚爱的家人团圆；不过接下来却是著名的转折——这时绳子绞断了他的脖子。或许大家比较不清楚的是，北军指挥官已经"发布了一道命令，到处张贴，宣布任何老百姓若侵犯铁路、桥梁、隧道或火车，一旦被逮捕，将立即吊死"。[1]

2000年夏天，和过去50年的每个夏天一样，退伍军人阿特·亨特会在半夜惊醒，一身冷汗，因为有一男一女两个老者的面孔在他床头徘徊不去。这两张憔悴的面孔使他生不如死。当他们纠缠他时，他只好起身，找出猎枪，坐到阳台上，吸烟。1991年，经过亨特长期的争取，美国政府终于承认他患有严重的创伤性应激障碍症，发给他全额伤残补偿。但是，噩梦仍然追到他在弗吉尼亚州蓝岭山山麓的家里。[2]

1999年9月30日，一位名为郑春子（Chon Chun-ja）的女性出现在《纽约时报》的头版上。她的打扮与一般要出门买菜的韩国中年中产阶级家庭主妇无异。不过，她站在老根里一座高隧道的洞口前，指向山头，声称1950年7月"美国士兵在一座铁路桥下用机关枪打死了好几百个无助的老百姓"。她和其他幸存者又说，多年来他们一再向韩国政府和美国政府陈情，要求赔偿此一屠杀事件的受害者，但是汉城和华盛顿当局完全不理睬他们。这篇报道同时刊出了当年开枪的美军士兵的证词，他们说是上级命令他们向老百姓开火的。[3]亨特即是其中一名向聚集在铁路桥下的一大群白衣老弱妇孺开火的士兵。

这篇不是由《纽约时报》记者采访、撰稿，而是由美联社发出的电讯，跃上了头版。就我所知，此后的几天、几星期里，《纽约时报》没有后续的追踪报道，只是不定期地告知读者，美联社对五角大楼或汉城的反应做了什么补充，对幸存者的说法又做了什么调查等等。这则消息爆开后两个月，《华盛顿邮报》记者道格·斯特拉克查出这些老百姓挤在铁路隧道中长达3天，其间美军士兵一再返回检查。当时17岁的丁九勋（Chong Ku-hun）告诉斯特拉克："他们检查伤者，只要能动，就再补一枪。"其他幸存者也说："其他士兵往下爬到躲着数十名村民的大排水管

第七章 记忆之潮

处，朝众人开枪。"当时13岁的女孩杨惠淑（Yang Hae-suk）也在隧道中，她说："突然间出现了飞机，开枪、投炸弹。我伯父用身体掩护他的孩子，我听到他说：'喔，天啊。'我一抬头，看到他肠子流出来了。枪弹打穿了他的背，打死了他女儿。"几分钟后，这个小女孩也中枪，失去了左眼。斯特拉克说，调查人员"面临棘手的任务，因为他们要评价一场肮脏的战争，而以当地官员的说法，在3年战争期间，各方都违犯了战争的原则"。[4] 这则报道中令人头疼的地方是：美军士兵不仅奉令射杀老百姓，他们还一再回来，确认他们是否全死了。当然，这意味他们要确认无一活口会讲出老根里的故事。

朝鲜战争的这一部分已从美国人的集体记忆中消失了，仿佛越战才是发生"美莱村事件"的唯一场合。* 但是，1950年，穿"白色睡衣"的人已成为美军滥杀的对象。《生活》杂志的约翰·奥斯本告诉1950年8月21日那期的读者，美国军官下令向民众开枪；有个士兵说："我们射杀孩童，实在做得太过分了。"奥斯本写道："这是一种新型的战争，要毁掉敌人可能藏身的村庄，要炮击可能有北朝鲜人的难民群。"正如斯通（I. F. Stone）所说，空中攻击以及发给新闻界已经经过处理的新闻稿，"反映的不是人类情感中应有的悲悯，而是一种欢乐的愚蠢言行，全无想象力——仿佛飞行员在保龄球馆玩儿，把村庄当木瓶打"。[5]

军事历史学者沃尔特·凯里格在《科利尔》杂志上撰文，把朝鲜战争比拟为"打印第安人的时代"；他也认为朝鲜战争可能像西班牙内战——新形态冲突的试验场，这种冲突日后亦出现在中南半岛和中东。

---

* 1968年1月越共发动农历春节大攻势之后，3月16日，美国陆军23师11旅20团第一营C连奉命在南越广义省美莱村扫荡越共，竟滥杀无辜老弱妇孺（死者在347人至504人之间），他们甚至谎报战果，声称击毙越共128人。当天一组直升飞机支援小组人员仗义制止，但只救下十来人的性命。消息还是传了出来，不过军方在秘密调查过程中避重就轻，企图大事化小、小事化了。调查记者西莫·赫许（Seymour Hersh）于1969年11月12日揭露了这一滥杀事件，全美舆论哗然。可是，涉案人只有C连第一排排长考利（William Calley）经军法审判被判有罪，而且一审原判无期徒刑，后来只在家软禁了3年半。——译者

凯里格写道,"我们的赤色敌人蔑视文明战争的一切规则,躲在女人裙角下";然后他提出下列一段对话:

年轻的飞行员一口喝完咖啡,他说:"实在要命,他们就站在那里向你挥手,你不能开枪打他们呀。"上级很坚定地告诉他:"开枪射击,他们是军队。""可是,他们穿的是那种白色睡衣似的东西,在路上散漫地走着。"……"看到女人和小孩了吗?""女人?我不知道。""女人也穿长裤,是不是?""但是,长官,没看到有小孩。""他们是军队,开枪就对了。"[6]

埃里克·拉腊比(Eric Larrabee)在《哈泼斯》(*Harper's*)杂志上撰文,一开头就先引述了1836年镇压佩科特印第安人的一名英军上尉的话:"土著的战术……和基督徒的做法大不相同。"他想起美国独立战争期间有位英国军官在莱克星顿说过一段话:

这个时候的乡间非常警觉,即刻就可以武装动员起来,并且在城墙后、在侧翼各据点布防。于是,我们受到来自前方、侧翼和背后的袭扰……我们看不到任何人,除非是在丛林、石头掩体或大树的后面,但只要看到他,他立即就开火。

在朝鲜,有位陆战队员告诉他:"在塔拉瓦(Tarawa)*,至少你可以看得到敌人。此地的古客却躲在树林里。"拉腊比说,对美国人而言,这是一场有限战争;对朝鲜人而言,这却是一场人民战争(就好像当年

---

* 塔拉瓦环礁是太平洋岛国吉里巴斯的一组环礁,由24个岛屿组成。"二战"期间,日本占领了塔拉瓦环礁。1943年11月20日,美军发动塔拉瓦战役,日军顽抗,美国陆战队伤亡惨重,3天后攻占下来,双方共约6000人阵亡。——译者

第七章 记忆之潮

美国人对抗英国人的战争）。他说，这场战争"不能用残暴的、无情感的、只想展现高人一等的技术的方式去打"——他建议发展快速部署的特种部队去打未来的人民战争，其目标是争取民心站到我方这一边。[7]

汤普森写道，战地记者发现为韩国而战令人感到"莫名其妙的困扰"，从游击队及民众方面来看，它与第二次世界大战并不相同。"很少有人胆敢写下他们见到的真相"。美国士兵"谈话间从来没把敌人当人看，蛮像是在讲类人猿"。即使在记者群当中，"每人最渴望的也是能杀个朝鲜人。'今天……我会干掉一个古客。'"他认为，美国士兵称呼朝鲜人为"古客"，是因为"否则这些本质上善良、大方的美国人无法不分青红皂白地杀死他们或破坏他们的房子和可怜的家当"。[8]

美国人似乎仍然难以用开放的眼光看待朝鲜战争的记录。为什么《纽约时报》和其他报纸认为屠杀新闻在1999年适宜发表，但在过去的49年间却不宜发表呢？就某个意义而言，这是"一场被遗忘的战争"；美国第一流的记者通常也对它毫无所知。遗忘、不知、闻所未闻：因而老根里变得有意思、突出，因为它让年轻一代记者联想到的是越战以及美莱村屠杀事件，而不是朝鲜战争——我们美国人以为这种事只在越南发生过（真的，也只发生一次）。因此，"屠杀老百姓"这个奇妙的美国词——其实读者在1950年的《生活》杂志中就读到过了——由于对朝鲜战争性质的错误建构而被湮没了。它消失的时间太久了，以至于重见天日时，竟显得与常人对这场战争的了解大相径庭。

亨特当然知道多年前发生在老根里的事情的真相，但是它为什么使他良心不安、无法忘记呢？我猜，这是因为开枪的这位年轻人对战争中的基本人性有他的直觉：士兵上战场是要杀敌，但也要拯救和保护良民：

> 士兵，无论是我军或敌军，有责任保护弱者和无武装者，这是

他存在的本质和理由。当他违背此一神圣信托时,他不仅亵渎了整个文化,还威胁到国际社会的基本结构。

这句令人动容的话的作者又说:"战士的传统既悠久又光荣,以人类最高尚的特质——牺牲——为基础。"这位作者就是麦克阿瑟将军。[9]

政治传承　祖先传承

更深入地检视这些事件,将有助于我们解开有关朝鲜战争的若干真相。老根里事件源于朝鲜人的渴望在 1945 年受到压制;1950 年的游击队是朝鲜人从日本统治下光复时存留下来的一丝共同的希望。老根里离永同郡城三四公里,位于三省交会的偏远山区,日本帝国主义 1945 年 8 月在朝鲜崩溃后,此地出现了强大的本土左翼势力。永同郡人民委员会从日本人手中接管了权力。两个月之后,作为建立美国军政厅工作的一部分,美国人派出民政组把政府权力收了回去。随后,美国人立刻就重聘曾为殖民政府警察机关服务的朝鲜人替占领当局工作,当然也压制人民委员会。但是,根据美方内部的报告,人民委员会一再回来掌权。美国反谍组织发现,永同郡在 1948 年秋天即丽水变乱时依然有强大的人民委员会,而且在所谓的"朝鲜战争"开始之前许久,在永同郡及附近即出现了游击战。[10] 美国医生克莱森·理查兹(Clesson Richards)从 1947 年起就在永同郡主持一所救世军医院,直到战争爆发前夕才离开。他告诉记者说:"我们周遭的游击战一直没停。我们有许多共产党病人……警方会盯住他们、拷问他们,得到情报之后,就把他们带走,交给行刑队。这面墙就在医院附近。我们可以听到枪毙人犯的枪声。"理查兹医生说得理直气壮,因为他认为"共产党很残忍"(不过,他们"没

第七章　记忆之潮　｜　123

有仇外情绪，没找过我们麻烦"）。美国人（如驻韩美军顾问团军官豪斯曼）指导了 1948 年至 1949 年间大部分的平乱行动，深知永同郡是愤恨和叛乱的温床——它长久以来即被称为"赤色郡"——不过也知道所有的游击队都是当地的，没有接受北朝鲜的指令。当然，他们的冤屈应追溯到 1945 年光复时希望的破灭，以及该地区佃农的极端贫困。[11] 但是当常规战争在 1950 年 6 月开始时，这段历史意味着永同郡被锁定为对美国人很危险的地方。

在朝鲜的历史上老根里是非常古老的农村，史书上最早的记载可以追溯到 11 世纪，数百年来土地代代相传，直至 1940 年代（据史家记载，日本军阀丰臣秀吉 1590 年代入侵时，老根里被夷为平地）。因此，当美国人及韩国政府要求他们离开村庄时，这个古老农村的大部分村民不肯搬迁也就不足为奇了，因为那不仅意味着离开世代相传的土地，还要离弃分布在村庄附近山上的祖坟。

什么是真相？我们的斯雷布雷尼察

2008 年 7 月，全球媒体竞相报道"全球头号通缉犯"、波斯尼亚的塞尔维亚裔领袖拉多万·卡拉季奇被捕的消息。自海牙联合国战争罪行法庭起诉他关涉在"斯雷布雷尼察屠杀"了约 8000 名穆斯林男人和男孩之后，他已逃亡 13 年。这些事件后来被称为"第二次世界大战以来欧洲最恶劣的屠杀平民事件"。[12] 58 年前另一个残酷的 7 月，当朝鲜人民军进逼位于汉城南方的大田时，韩国警察当局从当地监狱转移出政治犯（有大人、小孩，也有妇女），屠杀他们，把尸身丢进大坑，再覆上泥土。大约 4000 人至 7000 人丧生，而他们的故事也被埋葬达半个世纪之久。屠杀进行时，美国军官袖手旁观，拍照做记录，但丝毫未予阻止。

几个月之后，参谋长联席会议下令把这些照片列为机密，要到1999年才解密。随后，美国官方的历史把屠杀统统怪罪到共产党身上。

韩国的事实已经说明，敌人之间如果要相互了解和修好，就需要先有"真相与和解"的过程，也就是审慎、深入地检验过去，并承认已被埋藏、压制的历史。美国人民或新闻界大多不了解，朝鲜真相与和解委员会已挖掘并证实了李承晚政府屠杀数万名自己的公民（包括比大田屠杀案更大规模的昌原市屠杀案）[13]以及许多朝鲜村庄被美国汽油弹烧毁的事实。它也重新调查了北朝鲜及地方共产党进行的杀戮（这是战争停止以来，不断宣传的案例）。

朝鲜人从南非的真相与和解进程中找到了重要的模板。南非对"真相"这个难有定论的词至少有4种定义：法医学真相（挖出、检验尸体；法医证据是"物化的记忆"：暴力会书写、刻印甚至展演在活人或死者的身体上）[14]；目击者真相（让受害人说话）；学术真相（历史学者和档案的文件）以及加暴者真相——让他们也现身说话，再由别人回应。这种方法让相关各方都发声，达成社会的或"对话"的真相，这是疗愈或复原的真相，是以和解而非报复或自我辩解为出发点，分配正义，评估惩处措施。南非于1995年成立真相与和解委员会，进行公开讨论，真相依此程序确立，官方调查采用公正程序，证词来自谋划者、施暴者和受害人，而且，能公开所有事实、承认共谋的人将获得赦免。[15]美国人涉及的屠杀，如老根里事件、无情地火烧北朝鲜以及战后美国史上最令人惊愕地被掩饰的、事实黑白颠倒的大田事件，也需要同样的调查。

1950年8月初，艾伦·温宁顿（Alan Winnington）在伦敦《工人日报》（*Daily Worker*）上发表了一篇文章，标题耸动视听：《美国在朝鲜犯了贝尔森罪行》，声称大韩民国警察7月2日至6日，在驻韩美军顾问团的监督下，于大田附近某村庄屠杀了 7000 人。* 温宁顿当时以战地记者的身份随着朝鲜人民军采访，他找到的 20 个目击者说，7 月 2 日，卡车载来许多警察，命令村民挖了 6 个各近两百米长的大坑。两天后，卡车载来了政治犯，他们全部被处决——或脑袋挨枪，或以剑斩首，然后"像沙丁鱼般"一层又一层地丢进坑里。屠杀进行了 3 天。目击者说，有两辆吉普车的美国军官观察杀戮。[16] 北朝鲜人士说，有 4000 人被杀（几个月后改口说有 7000 人），其中大部分是从济州岛和太白山区抓来的游击队员以及 1948 年丽水变乱后被关押的犯人。不过，他们讲的杀戮地点和温宁顿说的不一样。[17]

美国驻英大使馆说，温宁顿的故事是"严重捏造"，坚决否认。由罗伊·艾普曼撰写的朝鲜战争初期阶段的美国官方历史，没提到大韩民国有任何暴行，反而声称北朝鲜实施了此一屠杀——在大田实施了"战时最大的一桩大杀戮"，杀了 5000 至 7000 人，埋在万人冢里。[18] 西方大多数历史也是如此记载的：我们已经看到马克斯·黑斯廷斯只注意共产党的暴行（他甚至没有详细分类或查证它们），因为它们让联合国在韩国"迄今一直保有道德正当性"。

有证据显示，温宁顿在 1950 年战争打得最激烈时说的话，比起艾普曼和黑斯廷斯凭借机密文件和事后观察所写的东西，更符合事实。7 月 2 日的美国陆军情报中把有关韩国国家警察在大田"逮捕所有的共产党，并于城郊处决他们"的一则报告，评为"可能属实"。中央情报局说，第二天，"非官方的报告指出，韩国警察在水原和大田处决共产党嫌疑分子，一则要铲除潜伏的第五纵队，一则是就传闻北朝鲜在汉城枪

---

* 贝尔根－贝尔森集中营是纳粹设于德国下萨克森州的一座集中营。1941 年至 1945 年期间，估计有将近两万名俄国战俘及超过 50000 名犯人死于其中。1945 年 4 月 15 日英军解放这座集中营时，营中还有 53000 名犯人，绝大多数身染重病，另有 13000 具尸体犹待处理。影片记载下来的惨象使得"贝尔森"在西方国家成为纳粹暴行的同义词。——译者

毙人一事进行报复"。不过,这两项报告都没有列出处决的人数。[19] 驻东京的英国官员和联军最高统帅部官员谈话时表示,"(温宁顿的)报道或许有几分真实",但联军最高统帅部认为这件事应由伦敦和华盛顿去处理。英国派驻麦克阿瑟总部的代表阿尔瓦里·加斯科因(Alvary Gascoigne)说,可靠的记者们已"一再"提到"韩国部队屠杀俘虏",但是美国战俘代表团有位安德伍德(Underwood)先生告诉英方人士说,他怀疑大田能否集结7000名犯人,因为该市的监狱只能容留不到两千人。[20] 安德伍德其实可以表现得更好,他可以承认这件事不只是残忍地屠杀政治犯,而且是对在美国占领期间因抗议美国人促成或制造的局势而被逮捕的民众的谋杀。美国人在1945年至1950年期间进行了好几轮的弹压,或支持韩国人去弹压,然后在1950年7月对这场大屠杀袖手旁观、拍照存证,但毫不制止。

一位中央情报局的前任特工1981年著书,提到他在1950年7月的第一周在汉城南方的水原附近,目击了对政治犯的有系统的屠杀:

> 我无能为力地站在一边,目睹整个事件。两部挖土机不断地工作。有一部挖出沟状的坟穴。卡车载来那些倒霉鬼。他们的双手已反绑在背后。他们被推到新挖好的坟穴前排成一排,很快脑袋上就挨一枪,再被一脚踢进坟穴。[21]

纽约有位心理医生李都永(Do-young Lee)终于争取到解密这场悲剧的照片,它们是美国参与了共谋的鲜明证据。由美联社揭露的最骇人听闻的事实是,1950年9月,美国政府的最高层(此处指的是参谋长联席会议)决定压下照片,直到1999年再解密。当年的五角大楼资助撰写官方历史,把此时所有杀害平民的暴行(包括大田事件)统统栽赃给北朝鲜。五角大楼又聘请影星亨弗莱·鲍嘉替1950年的影片《朝鲜的罪行》配音。影片采用了极多大田屠杀事件的影像片段——一层又一层的尸体布满足球场长的壕沟："大田：男人、女人、小孩遭到……共产党恶徒……和野蛮的北朝鲜人……冷血的、刻意的谋杀，意在散布恐怖气氛。"鲍嘉又说："我们会得到一份详尽的统计……由联合国朝鲜委员会认证——对每个个案的文献都会彻查。"[22]

事实上，联合国毫无动作，对此置之不理达数十年，直到五角大楼在1997年至1999年间宣称，找不到任何信息可以证实老根里幸存者的说法。他们说，被指控涉及本案的美军第一骑兵师根本就不在当地。可是我只花了5分钟就找到了克莱·布莱尔在《被遗忘的战争》中根据解密记录指出的，"第一骑兵师将在7月22日于永同郡接防，换下被打惨的第24师"。五角大楼当时必须搪塞，拒绝赔偿幸存者，因为战时类似的枉死案实在不胜枚举，谁晓得会有多少人出来求偿。[23]

爆出大田屠杀新闻的次日，我接到洛杉矶一位美籍女士的电话，说她父亲是受害人之一。1947年，她是美国军政厅治下的朝鲜公民。她父亲在大田附近的某城镇拥有一家工厂，育有6个子女。他在日治时期生意发达，光复时决定散财济助民众。可是，1947年那个喧嚣的夏天，他因资助"共产党"的罪名遭到逮捕（即使没有数千名，也有数百名韩国人死于占领当局的国家警察手中），直到1950年7月初仍在坐牢。这位女士（她是一名注册护士）和她的4个姊妹、一个弟弟一辈子都不敢和家人之外的人谈起父亲是怎么死的。半个世纪以来，失去一家之长使他们一直很痛苦，但私底下，即使手足之间，也不太谈论这件事。她在电话上泣诉了半个小时。李都永的父亲也在1950年8月的一场屠杀中丧生，但他有勇气找出照片，后来还追踪、找到了杀害他父亲的韩国军官，与之对质。

朝鲜真相与和解委员会对大田屠杀事件的调查还未完成，但迄今已肯定的是至少有4000人死于大韩民国当局之手，后来北朝鲜又杀了一些人（但没有几千人之多），可能也把他们埋在同一个坑里。当年是监狱警卫的李允永（Lee Yoon-young）以85岁的高龄勇敢地站出来，为数十年前的往事做证："每次带10个犯人到壕沟前，要他们跪在边上。警官走到他们背后，对准后脑就开枪。"[24]

战时在韩国西南部采取的措施

汉城岌岌可危、即将沦陷之际，政治屠杀即告开始。澳大利亚的官方人士指出，"李承晚政府（在1950年6月）撤出汉城前，下达了一道愚蠢的命令，在汉城处决了约100名共产党人。"合众国际社说，包括朝鲜共产党"美丽的玛塔·哈莉"金秀琳（Kim Su-in）在内，有90至100人在这时被处决。[25]同时，有更多的人在仁川遭到杀害。美国的内部文件指出，在各城市即将落入朝鲜人民军之手之际，韩国当局把大多数知名左派人士抓起来："我们的情报是这些犯人被当作韩国的敌人抓起来，并于北朝鲜部队抵达之前受到处置。"[26]东京的美国占领当局说，6月30日仁川发生了"游击队暴动"，有300人被捕。北朝鲜后来声称有目击者看到6月29日至7月1日，有1000名政治犯和共产党嫌疑人在仁川被杀害（他们声称这是驻韩美军顾问团一位美国军官下达的命令）。美国国务院情报研究处注意到了北朝鲜的这些指控，但驳斥说："这只是有些暴乱者企图越狱，得到了一些异议分子的协助，而大韩民国警察有所行动而已。"[27]战争爆发才一个星期，北朝鲜部队已开进了西南部左翼势力强大的全罗道，这时的情况也愈趋恶化了。

李应俊（Yi Ung-jun）将军宣布戒严，准许对从事颠覆及破坏活动的人以及"经司令官确认系政治罪犯的人"处以极刑。他是怎么样一号人物呢？在向日本天皇宣誓效忠之后，他于1943年从日本军校毕业，"二

第七章 记忆之潮 | 129

战"结束时官拜大佐；后来他在1945年11月协助美国占领当局发展韩国的军事力量，1948年出任大韩民国陆军第一任参谋长。某位美国官员的太太说他"参与日本部队，在中国有丰富的作战经验"；喜穿长筒马靴、留短发的他，"保持着几分日本军人的傲气"。北朝鲜南进时，他是韩国陆军第二师师长，负责驻守"议政府走廊"的东边。接奉上级全师出击的命令后，他却不从，连只出几个营的兵也不肯。不久，第二师即溃不成军。[28]

水原和大田大屠杀发生于美军节节败退之际。美军在大田尝到了最清楚，甚至是最惨痛的败绩，对手方的北朝鲜司令官则自开战以来，战无不胜，攻无不克。美军第24步兵师在大田惨败，"是陆军史上最黑暗的一页"。[29]美军从大田往南撤退，很快就到达永同郡。北朝鲜人士说，在美军抵达之前，永同郡已由地方游击队"解放"；这个说法和苏利文的说法相同。他报道说，永同郡及其附近约300人的游击队骚扰撤退的美军，一旦北朝鲜部队通过，他们就接管地方治安。苏利文写道："美国大兵现在对于在城里、在乡下碰到的每个朝鲜人都满怀疑虑。在前线经常可以听到美军大呼小叫：'注意穿白衣的人'——这是朝鲜农民一向的穿着。"有位战死的士兵崔成焕（Choe Song-hwan）——北朝鲜士兵或本地游击队员——在7月26日的日记上写道，美国轰炸机横扫永同郡，使它"陷入一片火海"。[30]

同时，稍往西方，7月的同一个星期，朝鲜人民军第6师横扫西南部的全罗道，48小时之内就底定全境——这基本上有3个原因：第一，第6师是一支骁勇善战的部队，师长方虎山一年前率领同一支部队（几乎全由朝鲜族裔士兵组成），以人民解放军166师的番号参与中国内战。他们在中国内战结束后回到北朝鲜，1950年5月，北朝鲜指派这支部队进驻瓮津半岛位于三八线北方的海州之北。这支部队及其他有中国渊源的部队支撑起了北朝鲜1950年的战争计划。如果这些部队在1949年夏天可以派得上用场的话，朝鲜战争或许早已开打了。第二，第6师能够如此迅速地肃清全罗道，是因为李承晚政府撤退得太快。第三，北朝鲜部队所及之地，受到数千名地方游击队员的迎接，夺村占城（他们是1948年和1949年全罗道游击队的残部）。北朝鲜部队旋即转向东边，于8月1日占领晋州，直接威胁釜山。

第6师向南、向东迅速进军，差点就在7月26日（老根里事件发生时）之前席卷整个朝鲜半岛；此时，沃克将军命令军队撤出大邱。同一天，大韩民国政府宣布，任何平民"有类似敌人的行动"的，将被枪决；全体人民现在必须搭专门的火车旅行，住在作战地区的人民每天只准出门两小时。"违反上述规定者将被视为敌人，立即处决。"基本上，这就代表前线周边是自由开火区。不过，实质上，他们只是服从美国人在全罗道下达的命令：游击队的渗透导致迪恩将军决定，"强迫每个朝鲜人离开本师责任区，理由是，他们一退出，任何还留在责任区的朝鲜人就是敌人的特务"。这道命令下达给了韩国陆军及国家警察。[31]

次日，麦克阿瑟飞到韩国，要求停止撤退。不久之后，美军第2步兵师在釜山登陆，急驰晋州前线。有位美国军官说：(北朝鲜)第6师"刚在那里把我们打惨了"；次日，朝鲜人民军占领马山，美军退到洛东江，采用"焦土政策"，烧光了许多庇护游击队的村庄："从黄涧到金川郡前线浓烟满天"。[32]然而，不久，作战前线在釜山环形防御圈上稳定了下来。

自从这个早期的决定性的时点之后，韩国政治中即出现了一股被压制的"第三势力"，它在西南地区根深蒂固，但也遍及全国各城。如果我们把这些势力摆在"左翼"一边，我们可就把他们贬抑到两极化的、漫画化的冷战构架中去了；在这种冷战构架下，右派实施的任何故意的戕害都不足以使美国人不支持他们，只要他们继续坚定地反共就行。数十年来，这些政治、社会力量存在于参与过地方委员会、工会、农会及1940年代末期暴动的人士的记忆当中，压抑住了许多无法讲出来的个

第七章 记忆之潮

人和地方真相。此后50年，在韩国可被接受的政治光谱，一方是李承晚、朴正熙、全斗焕、卢泰愚和金泳三的执政势力和政党，另一方是源自1945年9月成立的韩国民主党的反对势力，其领导人有金性洙、张泽相和张勉。大韩民国政权一直要到1998年金大中当选总统，才真正过渡到反对派手中；而且要到2003年2月，大韩民国才真正有位总统不属于美国人在占领时期划下的政治分野（和政治制度）。（金大中初入政坛时，以参加在西南地区木浦港附近冒出来的人民自治委员会起家；右派一直用这一点打击他，声称他是共产党或亲北者，但事实上他在1940年代末期就已接受既有制度，此后一直是既有体制的政客，不过军阀一直不放过他。）已故的卢武铉总统是第一个和1940年代没有明白连结的大韩民国领袖。他的政治传承比较接近当代，和1980年代的动荡有关。当时他冒着生命和事业的危险，替劳工领袖和人权分子辩护，但是通过婚姻关系，他也和数十年前被列入政治黑名单的家庭有关——卢武铉的岳父是美国占领时期遭到取缔的韩国工人党党员，因在战时涉嫌协助北朝鲜而被捕，死于狱中。

大屠杀先生

金清原（Kim Chong-won）是在日本陆军服役时得到"老虎"这一绰号的；1945年之后，他喜欢记者称他为"白头山之虎"（译按：白头山即中国的长白山）。他在1940年志愿入伍，加入日本军队，在新几内亚和菲律宾作战，晋升为班长——依美国大使穆乔的说法，"这个层级是集日军最残酷之大成者"。1946年，他担任韩国国家警察东门派出所的警察，1947年有8个月担任张泽相的随扈保镖（张泽相是汉城首都警察厅厅长）。随后，金参军，在剿匪平乱作战中积功，蹿升很快；美国人对他在剿匪平乱中的残暴（穆乔形容是"残忍、有效率"），以及不肯听从美国人命令，印象深刻。有位美国人1948年目睹金及手下"用钢管、竹棍、拳头""无情地"痛殴从丽水抓来的叛党（包含妇孺）之后，觉得他是"相当残暴的人"。他和金白一（Kim Paek-il）、丁一权配合密切，并在1949年8月官拜团长。

据穆乔说，朝鲜战争开始后，有位驻韩美军顾问团成员"暴跳如雷，气得要杀金"。这位顾问罗林斯·艾默里奇（Rollins Emmerich）中校并没有暴跳如雷，他说，"如果没有人要干掉他的话"，他就必须动手杀掉金。金本人倒是怒气冲冲，他杀了自己手下的一些军官，因为他们不服从命令、逃避上战场；他又亲自斩首，杀了50名战俘和游击队员（据说只是同样被处斩的人中的一小部分）。在美方的压力下，金被暂时调职。后来，李承晚派他为釜山戒严司令。他在征兵工作上以手段卑鄙出名，"从街上拉夫，胁迫足够数量的年轻人入伍"。金亲口告诉艾默里奇，他打算用机关枪干掉釜山监狱中的3500名政治犯。艾默里奇不准——除非釜山即将沦陷："金上校被告知，如果敌军的确抵达（釜山）近郊，他才可以打开监狱大门，用机关枪射杀犯人。"艾默里奇后来说服韩方不要处决大邱的4500名政治犯，但几个星期之内，他们大多还是被杀害了。李承晚旋即晋升金为宪兵副司令，并于1950年秋天占领平壤时，派他协助管理平壤。虽然证据确凿，他在朝鲜是个战争罪犯，但金老虎仍是李承晚的亲信、打手。[33]

北朝鲜的暴行

当我们碰上"共产党杀了多少人啊？"这个问题时，我们立刻回到了冷战时期一般人的心态。关于正义的民主理念，不会因为李承晚的部队杀了20万政治犯而共产党杀的更多,就得到自我美化。但是,读者如果习惯于从当前的媒体报道中认定北朝鲜是共产党统治的国家中最差的那一个,就一定会问这个问题。这些印象通常也吻合事实:北朝鲜领导人手上至少有60万人的生命,这些人是在1990年代末期的饥荒中丧生的。如果说前所未见的大水灾开启了这一悲剧,那么一向可渗透到最遥远的穷乡僻壤的政府的不作为和共谋,若不是表明了其应当受到谴责的玩忽职守或明知故犯,就是说明了其不可宽恕的残酷和不人道。自从1970年代中叶以来,国际特赦组织已记载北朝鲜存在政治犯和劳改营,羁留了10万至20万人之多。从早期到今天,北朝鲜曾举行过许多次杀鸡儆猴的公开枪决犯人,尤其是政治犯的活动。中国派兵介入朝鲜战争之后,北朝鲜收复了失土,这时候连金日成都出面谴责针对和南方合作者的政治复仇的打击面太大。然而,我们对这一可怕的时期所知不多,因为北朝鲜从来没有表明有丝毫兴趣以公开、民主或认真的调查方式重新检验其过去。我们因此可以正确地认定,他们隐瞒了许多事。

说了这么多,但今天的南北朝鲜和60年前已大不相同。我们没有证据可以说,北朝鲜曾杀了这么多的敌人。北朝鲜的土地改革没有比苏联、中国或越南流更多的血;北朝鲜领导人听任地主逃到南方,或如果他们愿意下田耕作,就把他们移居他乡。从战争开始就有报道说北朝鲜处决前任韩国官员、国家警察、右翼青年团体领导人及曾替美国人工作的韩国人。这些事件开始经常是出于被释放的左翼犯人的报复,但是北朝鲜内政部有份文件说,韩国国家警察中有许多是逃离北方的前日本殖民政府的警察、加入了西北青年团的北方地主的子弟、南方地主及资本家的子弟,以及殖民政府中的高级人员。它因此宣布,这些人的罪行"不可宽恕"。[34]虽然这份文件完全没提及要处决这些人,但我们可以料想到,召开"人民法庭"之后,这些人难逃被处决的命运。

北朝鲜在战场上处决俘获的美国士兵,令美国民意沸腾,远远胜过对韩国人暴虐作为的不满。北朝鲜杀俘最先在7月初曝光，仁川登陆之后，情况更加恶化：美军找到好几组一起遭处决的美国战俘，每组三四十个，还有一群87名战俘双手反绑，被及时救回。这种行径使得麦克阿瑟和威洛比坚持一定要把北朝鲜领导人当战犯起诉。然而，美方的内部数据显示，联军最高统帅部找到的北朝鲜人民军领导人下达的命令，是要求停止杀俘的做法，因此并不宜动用战犯审判程序。[35] 根据战俘的说法，处决战俘显然发生在太麻烦或无法把美国战俘带回北方时，也依传统的战场"人道"做法执行：一枪打进脑袋。对待韩国战俘就不是那么仁慈了，不过这方面的证据并不多。

北朝鲜内部材料本身显示，有许多战俘被杀——因为北朝鲜人民军军官设法制止杀人。7月25日，北朝鲜最高指挥部说：

> 我方某些单位虐待投降者，已造成思想战上的重大损失。例如，某些单位枪杀降兵，不去俘虏他们。以下命令应严格遵行：（一）任何降兵都应予俘虏；（二）严禁枪决。

8月16日，有个北朝鲜军官说："我们有些人依然屠杀已经投降的敌军……教导士兵接受战俘并予善待的责任，落在每个单位政治部门的肩上。"[36]

仁川登陆之后得到解救的美国战俘报告说，北朝鲜人大体上没有虐待他们，北朝鲜人民军军纪良好，偶有枪决状况。"联合国朝鲜统一重建委员会"日后说，尽管有许多报告说针对右翼分子有政治处决和暴行，但他们的调查小组11月初前往江原道，访问韩、美官员，也和地方人士谈话，"没查到太多个案"。但是，"参二"情报人员发现有数千名政治犯从汉城被带到北方（包括许多韩国国家警察、右翼青年领袖和其他人），相信这批人后来全被消灭了。[37]

第七章 记忆之潮

仁川登陆的危机中，发生了几起屠杀政治犯的重大事件。北朝鲜占领汉城时，西门监狱关了7000至9000人，大部分是在占领的最后一个月里被捕的。他们中有韩国警察、军人和右翼青年。1950年9月17日至21日，这些犯人全部被用火车送往北方，一部分走不动的，当场枪毙。美方人士找到了两百具尸体，估计共有1000人被杀；汤普森看到了"共产党最后几天在仇恨的怒火中杀害的数百人的尸体"。北朝鲜部队撤退时，在木浦有500人被杀，另外有500人在元山被杀。联合国军北上途中，一路发现了多种类型的千人冢，里面的尸体应是被北朝鲜所处决者。攻陷平壤时，美方报告在主要监狱附近的一条宽大的壕沟里找到数千具尸体；另外北朝鲜部队撤出咸兴时，据说处决了700人。[38]但是，进入北方的联合国军中其他国家的部队却没有太多共产党撤退时杀人的报告。联合国军事总部11月30日的一份文件说："最近没有从联合国军占领地区收到敌人暴行的报告。"[39]

联合国朝鲜统一重建委员会有一份详细档案，附有北朝鲜劳动党干部及地方政治特务在全州和大田屠杀政治犯的照片和幸存者访谈录。大部分受害人被迫先挖个大坑，然后遭射杀，被丢进去；受害人大多是韩国警察和青年团团员。另一起集体屠杀事件经过适当、完整的调查，却得出了模棱两可的结果。驻韩美军顾问团的一位顾问报告，9月的最后一周，700名平民"在共产党撤出杨平前，遭活活烧死、枪杀或刺刀捅死"。（杨平是离三八线不远的江原道的一个城市。）受害人留下了照片，目击者说死者大多数是警察和右翼青年团团员。但是当联合国朝鲜统一重建委员会小组调查这件屠杀案时，只找到约40具平民尸体，以及将近同等人数的北朝鲜士兵之尸体（仍穿制服，显然是被处决）。美国副领事菲利普·罗威的调查，只找到9具尸体。地方人士说，其他尸体已被受害人家属抬走。罗威愿意相信这个说法，但他还是无法证实驻韩美军顾问团的说法。他没有提到有朝鲜人民军士兵被处决的事。[40]

当然，北朝鲜在南方犯下暴行的证据还是相当确凿的。不过值得注意的是，美军虏获的文件显示北朝鲜高级官员不断警告下属不得处决老百姓。1950年12月7日，北朝鲜劳动党显然有一次高层会议，手写的会议记录说："不要胡乱报复、处决反动分子。要让司法当局执行肃清计划。"[41] 当然，对于受害人及其家属而言，这并没有什么值得安慰的。

依据美国和韩国的调查，北朝鲜人及其南方盟友屠杀的总人数在20000人至30000人之间。[42] 我不晓得这个数字是怎么来的。联合国朝鲜统一重建委员会报告提到的数字要低很多；而且，联合国朝鲜统一重建委员会的调查比较平衡，而美国和韩国的调查从来没有承认过韩国方面的暴行。参与战后战犯起诉计划的美国人声称，北朝鲜人和中国人杀了29915位平民和战俘；这个数字有可能包括了若干在1950年夏天发生在韩国的暴行，但是谁实施了这些暴行，仍有争议。[43] 我们拿到一个谜团：北朝鲜被普遍认为是最恶劣的共产党国家，行为却比美国的汉城盟友好得多。不过，杀害3万人和杀害10万人，都不会让人心安。

占领北方时采取的措施

联合国军依据美国的一项政策文件（NSC 81/1）占领北方，文件指示麦克阿瑟，"除非依据国际法"，禁止针对朝鲜民主主义人民共和国的官员及人民进行报复。9月30日，即大韩民国陆军越界北上的前一天，艾奇逊宣布不再承认三八线："朝鲜将作为舞台，以证明西方民主国家可以怎样协助世界弱国。"[44] 大韩民国从当时到今天，一直认为它是朝鲜唯一合法的正统政府；它在1950年试图以1948年制订的宪法把北方纳入自己的领土范围。然而，联合国并没有承诺让大韩民国的统治延伸到北方（1948年、1950年都没有），英国和法国也非常反对这个构想——甚至说大韩民国既弱又贪腐，且它"颇有可能引发全面的恐怖"，令人怀疑应否允许它重新占领南方。[45]

美国国务院制订的占领北方之计划，建议以联合国为"最高当局"，而非大韩民国；如果不行，退而求其次是建立托管机构或是美国军政厅。美国国务院明确否定了大韩民国由自己来管辖北方的主张，反而主张在联合国监督下重新举行选举。（韩国希望北方只选出100席议员出席大韩民国国民大会。）美国可能也有排除李承晚的秘密计划——古德菲勒10月3日拍发电报给李承晚说："有股很强大的力量正在运作，试图找出方法让别人取代阁下担任总统。"[46]10月12日，联合国决议把大韩民国权力暂时限制在南方；同时，将利用已经存在的北方政府，不报复在朝鲜民主主义人民共和国政府、政党或军队里服务的中、低级官员。朝鲜民主主义人民共和国的土地改革和其他社会改革将予以尊重；将以广泛的"再教育新生计划"向北方的朝鲜人展示民主生活方式的长处。[47]

可是，这个名义上的北方政府却与联合国托管或美国国务院的民政计划毫不相干：它是把南方的制度套在国家的另一半之上。大韩民国的《国家安全法》把北朝鲜界定为"反国家之实体"，其公民若有同情或支持北朝鲜之任何迹象，将严惩不贷。这套《国家安全法》为管制北朝鲜的公民提供了法律架构——是在国际监督之下，但绝不是依据法治精神。北朝鲜是"二战"以来唯一一个领土受到反共军队占领的共产党国家，这件事仍然鲜明地深铸在好几个世代的北朝鲜人民的脑海中，直到今天仍然主宰着北朝鲜对韩国意图的解释。

这时候，李承晚在回汉城途中向一位美国记者吐露了他的打算：

> 我可以对付共产党。赤党可以埋了武器、烧了制服，但我们知道怎么找出他们来。有了推土机，我们就挖个大洞，把共产党塞进去，再盖起来。他们这样就真正进入地下了。[48]

美国国务院官员设法寻求一套监管占领区域内政治方面的机制，以"确保不会发生大流血。换句话说……（韩国）军队应该受到控制"。[49]事实上，占领军到了北方，根本不受任何人节制。真正当家的是国家警察和跟随他们的右翼青年团体；大韩民国占领军在10月、11月大多自行其是，没有人管他们。[50]德鲁威特10月中旬向国务院的上级报告，华盛顿原先希望大韩民国在北方的人员越少越好，但"已经跟不上状况"，大约两千名警察已越过了三八线。不过他认为若能好好利用原本出身北方的警察，或许可建立某些地方秩序。（数以千计曾在北方为日本人效劳的警察，在解放时逃往南方。李承晚一直把他们当作"北伐"的前锋。）10月20日，李承晚的第一任教育部长安浩相（An Ho-sang）已派出青年团北上进行"政治教育"。[51]战争爆发时的大韩民国陆军第一师师长白善烨，下令部队急行军，要抢在友军之前第一个攻占老家平壤；汤普森说，他"仅以数分钟的优势得逞"，"棕色的圆脸因喜悦、胜利而发光"。[52]

英国政府很快就取得了证据，证明大韩民国的官方政策是"追缉、摧毁共产党及通敌者"；事实证明"现在已经恶名昭彰、重新建立的韩国民事政府必将成为国际丑闻"。英国外交部力促尽速与华盛顿交涉，因为这是"一场争取民心的战争"，政治的重要性绝不亚于军事。英国驻美大使奥利弗·弗兰克斯（Oliver Franks）于10月30日向腊斯克提出了这个问题，得到的答复是："腊斯克同意，很遗憾，（大韩民国当局干下了）多起暴行"，他答应请美国军事官员设法控制住局势。[53]北朝鲜政府的社会基础相当广泛，招募了许多贫穷农民，因此有一种可能：几乎每个北方人都会是报复的对象。而且，南方对"通敌"的定义又无限上纲，从敌方士兵到平民都适用，甚至替北朝鲜士兵洗衣的老妪也可列入——有人就看到一群"神情憔悴、浑身污秽、衣着褴褛的人"，被绳子绑在一起，走过街头。[54]美方的内部文件显示，美国人完全知道大韩

第七章 记忆之潮 139

民国的暴行：驻韩美军顾问团军官说，如果韩国人继续他们的暴行，应不准大韩民国当局进入整个北方；有件事见诸文件：在顺天市，美方决定以美军第一骑兵师换下动辄杀人的韩国部队。⁵⁵

中国一参战，联合国军开始撤出北方时，全世界媒体纷纷报道目睹了大韩民国处决被他们拘押的人。合众国际社估计，从12月11日至16日，有800人被处决，埋在万人冢里；这里头"有许多妇女和一些孩子"，只因为他们是赤党的家属。美、英士兵目睹了"一卡车又一卡车的老人、妇女、青年和若干孩童在坟前排队，被开枪打死"。12月20日，一位英国士兵看到约40个"憔悴、非常顺服的朝鲜人"被大韩民国宪兵枪决，他们双手反剪，稍有不从就被枪托敲头。他说，这一幕对他的士气是一大打击，因为有3位同袍刚从北朝鲜俘虏群中逃出，声称受到了善待。英国士兵目睹男女老少"被拉出汉城监狱，押到田间……无情地射杀，推进壕沟里去"。⁵⁶

李承晚替杀人做辩护。他说："我们必须采取措施。"他又声称："所有的死刑都经过了正当的法律程序。"穆乔大使也替他讲话。他最晚在10月20日就知道了大韩民国的意图，他在电文中说，大韩民国官员将把"重新加入敌人组织的人，或以任何方式与敌人合作的人"，均处以死刑；法律依据是大韩民国的《国家安全法》，以及1950年在日本颁布的、为紧急状况制定的、未详加说明的"特别法令"。这道命令显示联军最高统帅部和处决行动脱离不了干系；无论怎么说，美国人确实与发生在北方的政治谋杀有关。

美方给配属在第10兵团中的政治事务官和反情报人员下达指令，命令他们"清算北朝鲜劳动党和北朝鲜情报机关"，并要禁止任何可能"对第10兵团构成安全威胁"的政治组织。"摧毁北朝鲜劳动党和政府"的工作可借由逮捕及集中管束下列人士而完成：所有的警察、所有的情报机构人员、所有的政府官员、所有的南北两个劳动党现任及前任党员。

接下来还要编制一份"黑名单",不过指令未说明为什么要编制黑名单。这些命令也出现在第10兵团其他的文件中,另外又准许特务人员可以取缔所有形态的民间通信,没收所有的晶体管收音机,甚至可以捣毁"信鸽鸽房"。[57] 北朝鲜劳动党是个群众政党,全国人民中有高达14%的人为党员;这样的指令意味高达三分之一的北朝鲜成年人要被逮捕或关进集中营。或许是出于这个原因,美国人发现,部队所到之处,朝鲜民主主义人民共和国的所有官员,甚至是地方政府小吏,全已逃之夭夭。[58]

1950年10月和游击队交战时,陆军情报官麦卡弗里(McCaffrey)向克拉克·拉夫纳(Clark Ruffner)少将呈上备忘录,建议必要时美方可组织"暗杀队,执行大韩民国政府对游击队领导人缺席审判所裁定的死刑";他又说:"必要时可将平民清出游击队活动的地区",并"以一切可能的宣传工具鼓动地方人士反对游击队"。中国参战之后,有一次参谋会议,李奇微、阿蒙德和柯尔特等将军也在场,会中有人提起"穿便服的敌人"这个问题。有人说:"我们不能处决他们,但可以在他们成为俘虏前枪毙他们。"就这一点,柯尔特将军答说:"我们把他们交给大韩民国,他们自然会去处理。"[59] 美国"反谍团"人员和韩国警察、青年团合作抓人,找到了一份朝鲜劳动党党员的名单。"反谍团"441大队的战时日记告诉我们,他们是如何积极追查朝鲜劳动党党员的,相信后来也把他们交给韩国当局处理了。[60] 平壤方面,许多暴行发生在12月初平壤易手之时。有个美国人在平壤目睹了一个场景,日后回忆说:

> 我们的车子开进学校操场。一千多名北朝鲜战俘坐在地上。他们双手扶在头部后,每50人一排。众人前方,韩国官员坐在大桌后方。看来像是在开庭审判……一边有几个北朝鲜人像布娃娃一样吊在木柱子上。这些人已被处决,但吊挂在太阳下示众。传递给坐在地上的战俘的信息,十分清楚。[61]

第七章 记忆之潮

韩国军队撤退时，从平壤及邻近城镇迁走了数万名可堪服役的年轻人，把他们编组成"民防团"。在1950年至1951年的寒冬中，其中5万人至9万人在大韩民国手中因被漠视而死亡。同时，美国人也大约在此时实施了政治谋杀：有个士兵承认在平壤附近割了8个平民的喉咙，可是没受到任何惩处。后来终于有人受到惩处，那是汉城二次失守之后，有两名美军因强暴一名韩国妇女并杀害一个和她相关的人——韩国警察，被判服劳役20年。不幸的是，这件事并未给日后的军纪建立标杆，同样的事情在战争后期仍迭有发生，直到今天，许多韩国女性仍遭驻韩美军强暴，还是没人受到惩处；各部队仍经常对韩国人充满种族歧视。[62]

北朝鲜当局一向大力抨击的重大暴行，据说发生在（北朝鲜）西南方的信川郡。数百名妇人、孩童被关在一栋房子里，好几天不给吃喝，美军和韩国人向他们逼问已躲起来的男性亲属的下落。他们哭求喝水时，就当头泼下尿水。后来他们全被浇上汽油，活活烧死。1987年11月，我和泰晤士电视台的一组人员来到这栋阴森森的房子和坟墓处，检视原始的照片和报纸记载，花了一整天和一名幸存者深谈。我们的结论是，铁定发生了恐怖的暴行，不过不可能有书面证据证实是哪一方干的。

韩国异议作家黄晳暎此时根据他本人的调查和对幸存者与目击者的访谈，创作并发表了小说《客人》。小说重叙逃难到南方的基督徒难民在联合国军占领北方时回到信川，并主持了这场恐怖屠杀。他们和一些右翼青年团体杀了本县高达35000人，约占全县人口的四分之一（包括真正的共产党人、疑似的共产党人及涉嫌与北朝鲜这一敌人有关系的人）。他们把"信川的良将里村的所有男性村民"全杀了。北朝鲜根据他们的核心假设——在韩国，没有一件事不是奉美国人之命而执行的——倾向于把这一兽行怪到美国人身上。黄晳暎也提到共产党在相同地区的"无法形容的暴行"，但他只提到军事型的处决，以及到处劫掠的游击队"挡我者死"式的强悍。[63]

北朝鲜已经几乎不可能再占领南方，而今越来越有可能的倒是大韩民国当局有一天会延伸到北朝鲜。如果这种事情发生，1950年的这些经验将是一大警告——对这场剧烈的、手足相残的内战最糟的结果是什么的警告。这一惨痛的历史依然鲜明地留在北朝鲜人的记忆中，因为套用亚历山大·索尔仁尼琴的比喻，头上落下过历史的铁棒的人们，永远不会遗忘。这种暴力会留下最持久的记忆。朝鲜人的文化因为敬重祖先和犹未诞生者而有特别长久的记忆：承先与启后，连结起过去和现在。因此，可以预料，北朝鲜人将竭尽全力避免崩溃和被并入大韩民国。

战争的幽灵

过去的暴行及不公不义的受害人长久埋藏着记忆，无法逃避、补救，或向别人解释——甚至和有相同苦难命运的人都无法相互倾诉。他们反倒会遭遇梦境、魂灵和幽灵。我们姑且以朴东设的回忆为例。他1950年7月目睹家人在罗州（光州附近）遇害时，年仅8岁：

> 当时，天刚破晓，我们一家人被警察抓了……他们把我们带到河谷，命令所有的男子蹲下。经过一番简短训话后，警察把他们全都枪毙了，包括我的父亲和伯父。后来，警察命令妇女和小孩离开，可是大家哭成一团，不走。警察把他们也全杀了。一颗子弹穿过我肩膀，从腋窝穿出……我的母亲被杀之后，3岁的妹妹号啕大哭，警察一刀把她斩首。[64]

权宪益在他的《越战幽灵》中对这个现象作了生动的探讨。住在村子里的鬼魂互相对话，大谈道德和政治议题。他们交往于家族及与祖先相关的各种宗教活动中,成了村子里的轶闻、集体记忆及历史意义。这些鬼魂也把村民从定义了越战和朝鲜战争的左与右、善与恶等严重的政治断裂中拯救了出来。[65]

韩国和越南的文化极不相同,也不能互换,但它们已相当接近。权宪益的作品可以提供数百万韩国百姓经验的摹本:亲人被屠杀,或被空袭集体杀死,或有家人因南北僵局而离散,因此终其一生和在非军事区另一侧的亲属断绝音讯。战时的集体苦难不只反映在亲属死亡上,还有一种"仪式危机"使社会破碎。[66]和安提戈涅一样,韩国人必须在国家设定的真相和深铸在他们的骨骼上显然更为重要的真相之间做出选择。通过祖先,过去和现在在朝鲜得到了最深刻的连结。围绕着祖先,每个家庭都有一套传承了数千年的仪式,历史和记忆因此和失去的亲人交织在一起。对大多数人而言,历史、经验、损失、家庭和遵守仪式辐凑在一起,创造出社会记忆。韩国是世俗国家,人民对宗教的态度折中,即使近数十年来改信基督教者也不拘一格;他们既与远祖、祖父母乃至亲友相连结,又相信来世。

集体暴行杀害了亲人,没有给死者留下任何东西。没有实体的尸首,就无法进行适当的葬礼仪式;没有埋在神圣的地方(如家族墓园),死者就无法被吸纳进记忆,仪式即不可能完成;目前仍有 6000 名左右的美国人在朝鲜战争中下落不明,毫无疑问,他们大部分是在大骚乱中蒸发了——有多少朝鲜人也遭逢了同样的命运呢?消失的死者无法受到礼敬,他们的鬼魂只好四处流浪,无法安顿(在朝鲜战争的屠杀现场,地方人士说,地上经常起"鬼火"[67])。最令人难过的是孩童的死亡,因为依照儒家的说法,白发人不应送黑发人。生命的意义受到了戕害,对死者、对生者皆然,社会记忆必须在大灾祸之后重新编组。朝鲜有些村庄在同一天全村联合祭祖,因为这是大屠杀的日子,或是全城被空袭夷平的日子。这时,分离的意识形态向真实的人性需求做出了让步。在南北方之间漫长的和解进程之中，实现对立双方令人唏嘘的再度统一，当不是意外之事。

法医学真相和政治谎言

"朝鲜平民屠杀真相委员会"成立于2000年9月，其职责是调查每一方在朝鲜战争之前或期间的屠杀平民事件。2005年12月1日又成立了"朝鲜真相与和解委员会"，继续调查屠杀事件，想要找出因被认为是左派而不能入祀国家忠烈祠的反对独立运动者，也要查明人权受侵侮、恐怖活动和罗织政治罪名进行审判及处决的案件（它发现朴正熙执政时仍有几件）。真相与和解委员会受理了近11000件不当处死或屠杀案件，其中9461件是平民遭屠杀。到了2008年底，有3269件受到调查。对154处坟场的挖掘，找到了成百上千具尸体（南杨州市有460具，求礼郡有400具，庆山市的钴矿场有240具，蔚珍也有256具……）。同时又找到数十具童尸，许多人还不到10岁，想必是抄家灭门的受害人。最后的情况似乎是，战争在6月份开始后，韩国当局及附属的右翼青年团行刑队处决了约10万人，把尸身丢进壕沟、矿坑，或干脆丢到海里。

委员会同样审慎地调查了北朝鲜人或韩国左翼分子所执行的处决。例如，在金堤（Kimjae），北朝鲜人和当地左翼分子杀掉了23名被控从事右翼活动的基督徒、一个名叫郑坂锡（Chong Pan-sok）的地主及其家人和当警察的女婿。美军登陆仁川之后，北朝鲜人及其盟友在汉城、大田、定州及其他城市杀了数百人，总共有1100多名被捕的警察和右翼青年团团员被杀。然而，记录显示共产党的暴行约是整体案件的1/6，往往也比较有分寸——这里处决了8个地主，那里枪毙了14个警察。不论是哪一方的暴行，委员会一裁定有人枉死，即进行"和解"，就是发表完整的调查报告，然后"国家正式道歉、更正户口登记资料……办追悼会、更正历史记录……对损害进行赔偿以及进行和平及人权教育"。[68]

朝鲜战争的幸存者及尚在人世的受害人能说出复原的真相，这是朝鲜全民争取民主的成果；这种公民社会的波涛，也是被压制的信息之波涛，它在长达数十年的独裁专政下是不可能出现的。压抑记忆乃是历史借以保存、收藏过去的一种方法；情况一有变化，被压抑的历史立即倾泻而出。因此，过去20年间，朝鲜人生产了数以百计的历史书、回忆录、口述历史、纪录片及小说，探究光复之后那几年的真相。

然而，朝鲜人如此倾吐，有如毕尔斯等作家在南北战争后替美国人做的事，写出了关于手足相残的战争之可怕真相的活生生的故事。像郑春子这样的幸存者也为亨特做了一桩好事：她站出来讲述自己的遭遇，使亨特可以开始洗涤自身可怕的罪愆。受害人和幸存者个人的真相应该成为一种复原的真相，作为"被遗忘的战争"之安灵弥撒，这样或许最后能达成南北朝鲜的和解——这是从腊斯克1945年8月在北纬三八线上信手一画以来，即已失去的东西。

第八章
重塑美国的一场"被遗忘的战争"和那场冷战

6月25日让很多事情从理论变成了事实。

朝鲜似乎——

也的确——

确证了国家安全委员会第68号文件（的必要性）。

——迪恩·艾奇逊

朝鲜战争使得美国转型为与以前截然不同的国家：在国外有数百个常设军事基地，有一支庞大的常备军，国内也有常设的国家安全体制。美国人认为越战更加重要，它也的确如此，因为越战在人数众多的婴儿潮世代中制造了长达数十年的焦虑，还有针对一大堆问题（例如美国力量的限度、如何适度使用武力、1960年代战争和重大社会变迁同时发生等等）的社会运动所带来的纷扰，而这些问题在近年的总统大选中仍然存在——小布什、比尔和希拉里·克林顿、约翰·克里、约翰·麦凯恩等人仍为当年的情况激辩不休；奥巴马是第一个以后60年代政纲竞选的总统——而他也当选了（这是否预示新时代终于要来了？）。虽说越战灼痛了整个世代，但除此之外，它对美国外交或国外干预政策（没过几年，里根时期又恢复了干预政策）没有太大影响，对美国国内经济的影响也很小（主要是约翰逊总统把战争经费隐藏在联邦预算的其他部门中所引起的通货膨胀）。然而，朝鲜战争却对美国有极大的难以控制的影响。它没有给予一个世代以名称，大众可能已经把它遗忘了甚至毫不了解，但它是改造美国的重要契机，使美国变成创国先贤都一定不认识的国家。这个现象大家知道吗？某些学者已经知道了达一代人之久，[1]其他人则浑然不觉。

朝鲜战争是由两个最重要的当事国，北朝鲜和美国，为了（即使不是无法理解）相互不明白，也相距甚远的目标打起来的。北朝鲜攻打韩国是因为害怕由于当时美国政策的改变，日本的工业经济及它在朝鲜半岛旧日的地位将会复活；也因为南方长期以来和日本殖民者合作的朝鲜人是催生美国此一策略的助产士（现在似乎终将得偿夙愿）；也因为北朝鲜相对于韩国的地位随时间的推移将可能屈居下风。金日成权衡了美国介入韩国保卫战的局势，但也可能低估了其重要性，因为他自恃已得到斯大林和毛泽东双方对他南进的支持。他所不知道的是，他的南进替杜鲁门政府解决了许多重大问题，也在美国确立在全球冷战格局中的地位方面功勋卓著。

凯南和艾奇逊

朝鲜对美国在冷战之初的政策有极重要的作用。我们已经看到，杜鲁门政府确认美国在朝鲜半岛有重大利益的时间，正是研拟遏制理论和马歇尔计划的那"15个星期"。当时担任副国务卿的艾奇逊和新任国务卿马歇尔调整了美国的政策方向，使之脱离五角大楼的朝鲜半岛不具有战略重要性的立场，转向重视它在重建日本经济上的价值，并把遏制理论运用于朝鲜——凯南原初的、有限的构想是利用军事、经济援助以及联合国的资源,支持"受到共产主义威胁"的国家。正是在1947年初这个时候,华盛顿终于从五角大楼和占领当局取得了对朝政策的控制权,其结果是基本上批准了占领当局从1945年9月起即已实行的针对朝鲜左翼人士事实上的遏制政策。我们已知道,马歇尔在1月底让艾奇逊起草一项计划,专门把韩国和日本经济连结起来。几个月之后,陆军部长威廉·德雷珀(William Draper)表示,日本的势力将在韩国再度发展起来,"因为韩国和日本构成了贸易和商业的自然发展的区域"。[2]大约同时,艾奇逊在参议院的秘密听证会上做证时说,美国已在朝鲜画下一条线,争取拨巨款给一项大计划,在朝鲜半岛以"杜鲁门主义"援助希腊和土耳其的模式击退共产主义。

艾奇逊在1947年是大推手,当美国于1950年6月介入并保卫韩国时,他又是重要决策人物。他明白,遏制主要是政治和经济问题,要把能自立、有存活力的政府部署在苏联的周边;他认为韩国的经济实力虽已减弱,但依然可与日本相互提携,形成他所谓的从东京到(埃及)亚历山大港这个"大新月"的一个环节,从而把日本和韩国、(中国的)台湾、东南亚,最后是波斯湾的石油连结起来。然而,国会和五角大楼反对对韩国做如此重大的承诺(国务院估计需要6亿美元;而国会1947年6月通过的援助希腊和土耳其的款项只有2.25亿美元),因此艾奇逊及其顾问把问题提到了联合国,也因此才要通过集体安全机制重新定位及遏制朝鲜半岛。联合国的撑腰也给了美国重要的筹码,可以支持韩国的继续存在。这却是北朝鲜领导人最糟的梦魇,他们都认为韩国和日本经济关系重新恢复连结,是重大的威胁。

金日成在1950年6月发动攻击,希望统一全朝鲜,迅速消灭韩国陆军和政府。这却导致美国的介入以重建大韩民国,而介入的根据基本上就是已有3年之久的遏制理论所做出的承诺。北朝鲜的目标在9月底即战争开始3个月之后几乎实现;但是,同一时间,杜鲁门和艾奇逊决定击退北朝鲜政府——这是1950年4月美国国家安全委员会第68号文件所确立的全面反共攻势的一环。美国和联合国军1950年初冬在北朝鲜被中朝农民军队击败，导致了1945年至古巴导弹危机之间美国外交关系中最糟糕的危机，迫使杜鲁门宣布全国进入紧急状态，也从根本上"拆毁"了杜鲁门政府（艾奇逊的话）——1952年杜鲁门原本可以竞选连任，但结果肯定会如约翰逊在1968年竞选连任必败一样。杜鲁门选择了弃选。然而，中国无意付出自身的重大代价来统一全朝鲜，因此几个月之内，战斗即沿着今天的非军事区大致稳定下来。

朝鲜战争是个危机，但用艾奇逊后来的话来说，它的"出现，救了我们"：他指的是它使国家安全委员会第68号文件终于获得通过，国会也同意把美国国防预算增加到原来的4倍。而且，是朝鲜战争而不是第二次世界大战的需求，催生了庞大的驻外军事基地体系和为此服务的国内的军事-工业复合体，并由此界定了美国此后的全球力量。不太明显的是，虽未"击退"北朝鲜，却创造出了支持遏制政策的中间派联合力量，并使之一路延续到冷战结束。这股共识深刻影响到越战的进行方式（不攻进北越），后来在1980年代又造成了僵局：一派要遏制尼加拉瓜的桑地诺民族解放阵线政府，另一派要推翻他们；也影响到1991年的决定：要把萨达姆·侯赛因的部队赶出科威特，但不进军巴格达。令人注意的是，1950年代初期公开主张"击退"共产党或"解放"朝鲜全境的人士，如杜勒斯和尼克松，私底下却告诉国家安全委员会，共产党那一方若是挺认真当一回事的东西，是不可能"击退"的；而美方若是坚持到底，就可能爆发全面战争。

这两种有关朝鲜的战争——凯南式的遏制得胜，艾奇逊式的击退论失败——重新建立起了两个朝鲜人的政权，也在半岛制造了紧张但基本上稳定的遏制态势，并一直延续到今天；非军事区、板门店、两支庞大的军队以及这场战争的其他产物（如联合国军指挥部）今天依然屹立在那里,如同这场遥远的战争之博物馆。两个国家都成了军事体制的国家,北朝鲜或许依然是全世界最令人瞠目的军事体制国家,有一百多万常备军,青年男女都需在军队里长期服役。韩国经历了30年的军人独裁统治,但建立起了强大的经济,经过1990年代的政治突破后,现在既是新兴的民主国家,又是全球第十大工业经济体。这场热战对南北双方还有许多其他影响,但是对美国的影响也十分巨大。

军事-工业复合体

朝鲜战争对美国人有一个抹拭不掉的意义,就是1950年代出现了一个新的、史无前例的美国军事-工业复合体。直到那时,美国人从来没维持过庞大的常备军,军方在美国历史和文化中除了战时的表现之外,是个无足轻重的因素。莱特·米尔斯(Wright Mills)写道,美国宪法本身"建构在对强大的军事机构的恐惧上";参加联邦的各州有它本身独立的民兵,似乎只有海军才符合美国人国家军事力量的概念。美国人喜爱得胜的将军,如华盛顿、杰克逊、泰勒、格兰特和艾森豪威尔,甚至推举他们为总统。但是每次战争胜利后,军人就回家去过美国人的日常生活了。1840年代美墨战争时兵力到达50000人之后,陆军兵员降低到10000人左右,其中90%被分派到密西西比河以西的79个营区去和印第安人作战。军队在内战期间和两次世界大战期间征召平民入伍,规模膨胀到数百万人,但是只要胜利之后几个月或几年,就立刻复原——19世纪末缩小为25000人的民团部队(当时的法国常备兵力500000人、德国419000人、苏联766000人),两次世界大战之间也只有区区135000人;1945年之后也立即大幅萎缩。每次战争之后,常设的兵力都有上升,但直到1941年,美国军队的规模与其他大国相比,仍属中等,经费也不多,没有太大的影响力，更不是真正受到尊敬的职业。整个19世纪，甚至进入20世纪之后，军费还不到国民生产总值（GNP）的1％。[3]

陆军在麦金莱、老罗斯福两位总统的陆军部长伊利胡·鲁特（Elihu Root）领导下进行了改造，兵力增加到10万人。1912年战争部为菲律宾、夏威夷和（巴拿马）运河区设置了一支殖民军，虽然它常备兵员不足，却维持到第二次世界大战，创建了有丰富的太平洋经验的"半常设性殖民地骨干队伍"（布莱恩·林的说法）。官兵很快就习惯了太平洋部队田园诗般的不紧不慢的生活，所以当日本突袭珍珠港之后几个小时便进攻菲律宾时，美军几乎全无准备。不久，美国全国总动员，军人数目膨胀到超过1100万人，但是杜鲁门在战后再次精简军队：到了1948年，陆军只有554000人，空军眼看着它大部分的合约被取消（飞机业的营业额从1944年的160亿美元，降到1947年的12亿美元）。海军受到四度蝉联总统的小罗斯福之青睐，在1945年有340万名官兵，各型军舰近千艘；15个月之后，海军只剩官兵491663人，舰艇300艘出头，1945年它的预算是500亿美元，也大幅下降到60亿美元。同年，征兵制终止（但是捷克共产党政变后，立刻恢复）。国防经费降到每年130亿美元，以今天的币值计算为1750亿美元。[4]

在杜鲁门主持大规模的复员及缩减战时工业复合体的情况下，美国似乎要回到拥有一支小型常备军队及孤立于西半球的常态。杜鲁门主义和马歇尔计划在1947年为此闲淡的想法画上了句号，可是杜鲁门及其顾问依然没有钱支应全球部署；国防预算在1940年代末期维持不动，依然在130亿美元上下。直到1950年，遏制理论依然保持在其作者乔治·凯南希望的程度上：一个有限的、专注的、有节制的努力，主要依赖外交和经济措施去恢复西欧和日本的工业，以对苏联人保持牵制。如果必须考虑动用军事力量，美国应派军事顾问团进入受威胁的国家，而不是自己进行军事干预。

冷战结束之后，凯南对这个"有限"的概念作了简短的说明：对他而言，遏制理论"主要是外交和政治工作，只不过不是完全没有军事含义"。一旦苏联被说服，相信更多的扩张也无助于他们时，"时机就成熟了，就可以和他们认真谈谈欧洲的未来了"。经历过希腊和土耳其、马歇尔计划、柏林封锁和其他一些事情，他认为谈判时机在1950年到来了。然而，"我这辈子最大的失望之一就是，发现我国政府或我们的西欧盟国根本没有任何兴趣与对方进行讨论。就西欧的未来而言，他们和其他人基本上只是希望莫斯科'无条件投降'。他们做好了等候这一天的准备。而这正是40年冷战之开端"。[5] 其时，主要的前线阵地已经建立和加强，西欧的工业复兴已经启动，"改弦更张"的东亚政策——凯南亦深涉其中——已取消了对日本重工业的控制。苏联军队分别在1946年和1948年撤出了中国东北和北朝鲜。但是，中国革命大胜国民党取得成功，却使得东亚无法像欧洲一样出现冷战下的稳定。

凯南1947年的战略——世界上有5个先进的工业体系，我方掌握4个，莫斯科只有一个，遏制即是维持这一优势——可能足以达成恢复西欧及日本工业的关键目标。国家安全委员会第68号文件确定了新的全球战略，但是真正在太平洋起决定性作用的是国家安全委员会第48号文件：美国现在要做在第二次世界大战结束时不敢想象的事，准备以军事干预对付东亚的反殖民运动——先是韩国，其次是越南，而以中国革命为最大的背景。这个转折点上错综复杂的状况已经有历史学者做了分析和记载，但即使到今天，外交事务专家、政治学者、新闻记者及著名时事评论员们对它们仍未有定论。因为他们太看重现实政治以及和莫斯科的两极对立，以致把这个时期最大的两场战争丢进了全球关切的阴影中。

中国革命对美国的党派政治也有极大的影响，激起共和党猛批"是谁丢了中国"，但是凯南对其意义仍保持审慎、冷静的观察：毛泽东

1949年掌权建政后,凯南在国务院召集一群东亚事务专家研商大势,听取意见后,他告诉大家:"中国没有太大关系。它不是那么重要。它绝不会太强大。"中国没有整合的工业基础,而凯南认为像样的作战能力全系于此;中国只在沿海地区有些帝国主义列强留下的零星工业,因此中国不应被纳入他的遏制战略。日本有整合的工业基础,因此是战后美国东亚政策的关键。⁶革命的民族主义的力量可能在东亚的殖民地或半殖民地展开,这一点当时在华盛顿只有少许人略有了解,凯南肯定也不太了解。他的注意力集中在本区域唯一的工业大国日本身上,一心只想如何恢复它及它在东亚的经济势力。

美国国务院在将近两年的时间中,研拟了若干政策文件,整合成一份详尽的分析,称为国家安全委员会48之2号文件《亚洲政策》,并于1949年底由杜鲁门总统核准。这份文件因于1971年和《五角大楼文件》一起解密而出名。因为国家安全委员会第48号文件首次主张给在中南半岛的法国输送军援(1950年6月朝鲜战争爆发之前就已向法国提供军援)。但是它最重要的内容是其所拟想的东亚政治经济。帝国主义列强竞相争夺中国土地,美国于1900年发表"门户开放"宣言以来,华盛顿的终极目标一向就是无障碍地进出东亚区域;它希望当地政府强大到足以维持独立,但又不要强大到赶走西方的势力。朝鲜、中国和越南出现反殖民的政府,与此一目标相悖,因此美国的政策规划人打造了一个退而求其次的世界,使亚洲分裂了一个世代之久。

在国家安全委员会第48号文件定稿之前的几份文件中,美国官员列出了他们认为应该规范统一的东亚区域(包括中国)内的经济交流的若干原则:"建立对技术和资金出口以及全世界自由贸易政策有利的条件","互惠互利","真正反映比较优势的生产和贸易",以及反对他们所谓的"全面工业化"——因为"唯有在牺牲比较优势领域的生产的高昂代价下"才可能达成这一目标。国家安全委员会第48号文件的拟订者预料民族主义者将像19世纪反对罗斯柴尔德家族势力那样对这一文件群起反对：

> 国际贸易的复杂性使我们必须谨记在心：像国家荣誉和雄心这种一瞬即逝的东西，可以抑制或阻碍必要程度的国际合作和对经济扩张有利的气氛及条件的发展。[7]

可是，全面工业化是日本长久以来所追求的，也是韩国所想要的——建立广泛的工业基础的民族主义战略，它与东南亚国家的战略（它们倾向于欧洲小国的"利基"经济）大不相同。

艾奇逊对军事力量几乎毫不了解。对他及其他美国政治家而言，打败日本和德国，以及和共产主义的斗争是同一类的工作，而另一部分工作就是美国计划让世界经济从全球不景气和世界大战的破坏中复兴。艾奇逊骨子里是个国际主义者，他向欧洲尤其是英国寻求支持和指导，并且寻求关于战后问题的多边解决方案。最初，复兴世界经济这个问题似乎已由1944年确立的布雷顿森林体系（即成立世界银行及国际货币基金组织）解决了；但到了1947年，它们并未成功地复兴先进的工业国家的经济，马歇尔计划遂进驻欧洲，对日本也"改弦更张"，解除了对其重工业的管控。到了1950年，盟国的经济成长仍不够理想，国家安全委员会第68号文件［大部分由保罗·尼采（Paul Nitze）主笔，但接受已出任杜鲁门总统国务卿的艾奇逊思想之指导］，祭出军事凯恩斯主义为工具，终于促进了先进工业经济体（尤其是日本）的活动。是朝鲜战争的危机最终使日本和西德经济强劲成长，并且大大刺激了美国经济。

美国国防工业根本不知道金日成会冒出来拯救他们。金日成无意间救了一大堆经费庞大的项目——尤其是在美国西海岸。用麦克·戴维斯的话来说，在南加州，这些项目包括"战略轰炸机、超级航空母舰和……

原先已中止的替空军开发洲际火箭的康维尔（Convair）公司的合同"。到了1952年，飞机业又欣欣向荣了。洛杉矶县有16万人受雇于飞机制造业。在1950年代中期，全县有55%的人口直接或间接受雇于国防及太空工业，堪与圣地亚哥媲美（圣地亚哥将近80%的制造业与国防工业有关）。到了1970年代，南加州有10000家工厂与航天工业有关；加州一向是传统的高科技、"最新"工业的重镇，但航天工业有无数的副产品，带动了商业航空（1950年代刚开始兴起）、火箭、人造卫星、电子及电子战、轻金属（铝、镁）生产、计算机软件等领域的发展，乃至1990年代硅谷的繁荣。[8]

在国家安全委员会第68号文件宣布美国需要多少"准备"这个答案之前，军方在美国和平时期的国民生活中，从来不是重要的元素。国家安全委员会第68号文件的颁布，结束了美国一段漫长的辩论，这个话题从此再也没有在华盛顿的主流叙述中出现过。到了1951年，美国的国防开支已达今天币值的6500亿美元，在新世纪的头几年里更是攀升到了最高点——2009年，美国军费超过排名在它之后的18个军事大国军费的总和。

帝国的列岛

这个新帝国必须承担起军事角色：首先是因为在1950年，问题是从军事角度界定的（不像凯南所强调的是经济援助、军事顾问和联合国）；其次是美国没有任何哪怕有一点点像帝国文官体系的东西。1950年代之前，外交部门是常春藤盟校和东部世家的小天地，在绝大多数美国人的视线之外运作，而且也没有太多的事可做。它产生了像凯南这样不凡的人物，但在国内从来没有强大的支持者。大家都知道，麦卡锡攻讦涉及中国事务的官员，摧毁了美国一整代的东亚人才，但尼克松对国际主义者阿尔杰·希斯的攻击可能后果更严重：任何穿条纹西装的人都成了嫌疑犯——被视为国内的外国人——国务院被致命地弱化。1960年代，出现了一批学术界的专家——麦乔治·邦迪（McGeorge Bundy）、沃尔特·罗斯托（Walt Rostow）、亨利·基辛格（Henry Kissinger）和兹比格涅夫·布热津斯基（Zbigniew Brzezinski）——来给总统讲授深奥的外交事务科学。他们也向国务院宣战，抢夺它的职权，还忽视它，因而更加稀释了国务院的影响力。国务院经常像是没有明确的工作区域的外交部，但是遍布全球的常设军事基地却一直存在，它们自有一套体系。

在20世纪的后50年里，美国的历史上出现了一种全新的现象，即遍布地球表面各国的众多基地中的永久性驻军，这和国内大量的国防工业复合体是相互关联的。世界上最重要的强国在其盟友和经济上的竞争者——日本、德国、英国、意大利、韩国，即除了法国和苏联以外的所有工业强国——的领土上维持着庞大的军事基地网络，这是现代历史上的第一次。这标志着欧洲在国际权力和实力政治方面的平衡性力量的终结，也标志着美国历史上一次重大的转变：出现了"帝国的列岛"（an archipelago of empire）。[9]

战后秩序是通过制订明确的政策和确立明确的外部界限而建立的，越界行为不仅很少出现，甚至是不可思议的，因为那会立刻激发危机——例如，逼西柏林投向苏联集团。设立基地的目的，就是为了保卫我们的盟国，但也为了限制其抉择——轻轻扼住他们的咽喉，直到美国人自问：如果外国军队在我们的国土上设立基地，我们会怎么想，这时或许才会觉得扼喉的力道太强了吧？然而，这个霸权的典型做法却是日常的、温和的和微妙的制约：美国让盟国在国防、资源以及多年来在金融方面依赖它。第二次世界大战的侵略者日本和德国被美国基地束缚着，直到今天仍是如此：战争结束已经进入第7个10年，我们依然不知道如果德、日真正独立,它们会是什么样子。近期内,我们也不会有答案。

因此,朝鲜战争给把遏制重塑为广泛的全球性的政策立场提供了机会。仅仅10年之后,艾森豪威尔总统就可以说,"我们已经被迫建立了一个规模极大的常设性的军事工业",在国防体系雇用了350万人,并花费了"超过美国所有公司净收入"的经费。这句话出自他在卸任演说中对军工复合体的严厉批评;大家印象不太深的是艾森豪威尔最后的新闻发布会,会上他也提到了军事工业如此普遍,以至于"几乎不知不觉地渗透进了我们的大脑",使美国人以为这个国家要做的事就只是生产武器和导弹。[10]当西方的共产主义体系解体时,有少许几年似乎有可能认真大量裁减常规军力,但是"流氓国家"使它无从推行,然后"反恐战争"又提供了另一个含糊的、毫无边际的全球责任承诺。

凯南还是艾奇逊?

我个人认为,1950年以来我们的历史给我们的教导是:第一,凯南的"有限遏制"有效,因为到了1948年或1949年之后已经没有什么需要遏制的了:苏联不会攻击西欧或日本,欧洲的前线已经稳定下来,非共产党国家掌控的四大工业基地在冷战期间依然无懈可击,使得他们能超越1940年代美国人的想象,大力发展。第二,艾奇逊的国家安全委员会第68号文件走向了全球主义,它需要庞大的国防预算和常备兵力,最终失败了。它未能打赢朝鲜战争及越战,它使美国成为创国先贤完全不认得的国家;外来的每个威胁,不论大小,统统被放大,美国和世界的基本关系发生了永久性的变化。美国会在朝鲜和越南打两场大战,是1945年时无法想象的事,当时这两个国家的问题依然被(正确地)看成是和它们长久的殖民历史有关的问题,要说美国打不赢朝鲜战争或越战中的任何一场战争，一定被认为太荒诞不经。基于以上原因，最好还是坚守凯南审慎的战略。

同时，艾奇逊的政治经济观"大新月"，是个了不起的见解。朝鲜战争决定性地打乱了美国要把美、日和东亚其他国家经济关系重新编织起来的计划；实际上，把日本重新定位为主要工业生产国，以回应亚洲大陆的反帝国主义革命怒潮，的确是解释直到中南半岛战争终于在1975年结束之前30年的东亚及东南亚历史之关键。这迫使政策向艾奇逊的观点（其持久性超过任何人的预期，因为东亚分裂达数十年之久）作了许多暂时的妥协。但是一旦日本的经济势力在1960年代初期回流到韩国和中国台湾，加上美国慷慨提供的援助，这两者就成为此后25年内全世界发展速度最快的经济体。同一时期，日、韩、台（中）被美国势力及利益深刻渗透，产生了巨大的侧翼的弱点。他们既强大，又衰弱，而且不是偶然造成的，因为源头在于美国主导的世界经济。不过，亚洲的分裂在中南半岛战争结束后即大幅减弱，人民中国也慢慢被带进世界经济。现在，这个区域的经济体日益整合，冷战带来的障碍已几近消失。因此，东亚区域已经回到美国在中国革命及朝鲜战争破坏了其计划之前认为的更为恰当的"首要原则"（first principles）的位置上。

第九章
安灵弥撒：
和解氛围下的历史

天底下再也没有比人类的变化无常更令人惊奇的东西了。一个世代之内，朝鲜旧日的"两班"精英和曾替日本人效劳、然后再对自家人民施以专制统治的军阀，全都失去了权力（贵族家庭当然一向对自己的子女会有妥善的安排，但他们和土地、和国家的关系已经从根本上被切断了）。同样，日本也变了，仿佛一瞬间，从反美的军阀专制政体变成了有深厚渊源的民主盟国。1930年代的日本和1970年代或1980年代的韩国，都不是极权国家；如果你不讲话，不给领导人找麻烦，你可以独善其身，过自己的日子。青年和工人（许多女性）数十年争取朝鲜民主化及建立强大的公民社会的斗争，唯有摆在民主对历史的贡献下观察，才更能彰显它的意义。

这个奋斗的一个重大成果，即朝鲜真相与和解委员会，它广泛、深入地追究真相，撷取南非经验，以疗愈与复原为目标，以和平与和解为主旨。疗愈的不只是人民，还有国家——这是让受害人和施暴者说出并了解真相的治疗价值所在。例如，对老根里屠杀事件的揭露，为多年来努力不懈进行追究的勇敢的幸存者建立了真相的全部意义——譬如，当年只有12岁的小女孩全春霞目睹美国士兵"玩弄我们的生命就好像男孩子在玩昆虫"。[1]就美国人而言，法医学真相证实，他们每一层政府都持续说谎达半个世纪之久，但是以委员会的说法，它也"减少了在公共讨论中散布不受质疑的谎言之数量"。

朝鲜方面在这些领域中涌动的浪潮也促成了对朝鲜战争从根本上的重新评价，这场战争现在普遍被看成是一场内战，虽然其起源至少可以追溯到1930年代，可它是在长崎遭到毁灭之后美国轻率地在和朝鲜久远的历史毫不相干的三八线上划下一条疆界后，才变成无可避免。美国学者30年前从解密的美方档案里所看到的东西，现在在韩国也成为学界持续进行研究的题目。学者开始研究共产党及反共力量双方大量的暴力行动、双方领导人在殖民时期的背景以及内战；他们推出一本又一本有关北朝鲜的书——这些研究一般都比美国北朝鲜研究的著作水平高，也不带偏见。有关韩国左翼人民委员会这个禁忌的话题，自从1980年代中期以来也受到注意，新信息陆续出现。西南地区的全罗道左翼势力曾最为强大，在战后时期也曾遭到最严厉的镇压，现在当地出身的历史学者也特别活跃。许多历史学者及以小说叙事方式记述战后史的作家，如崔明姬（Choe Myong-hui）女士对此贡献很大。（崔女士来自1945年至1950年间叛乱的温床南原市，该市也是1949年至1950年"美韩联合剿匪总部"的所在地。当韩国部队重新夺回这一地区时，屠杀了太多的人，以致生者要以联合祭祀的方式在死者遇难之日举行追思会。）美国的精英和新世代的朝鲜学者及领导人对朝鲜战争的认识有根本上的差异，这正是首尔和华盛顿之间关系日益紧张的根源之一。

朝鲜人遭压抑的记忆必须予以还原、对过去的历史必须有所评价的浪潮，已经替人民确认了重要的真相，而这就是他们在独裁政权结束后，这么多年来排除万难始终坚持的事情。对于学者来讲，南方从草根成长起来的强大的民主和公民社会，一直处在压制的虎口下，也很少得到美国政府的支持，他们就直追事件开端，而不是接受旧有观点。我记得年轻时爬梳美国档案时，发现了有关下列事件的内部文件，如1946年秋天弹压农民叛党、在城市取缔强大的工会组织、美国指导弹压济州和丽水起义以及1945年至1955年智异山地区的游击队（它最后在美、韩联合的剿匪计划"灭鼠行动"中被消灭）等，当时就很纳闷，这一切怎么可能消失得无影无踪呢？有一天，我读到金芝河的诗《智异山》[2]，才赫然惊觉自己的了解十分有限：

哭泣

一片布幅
在燃烧的双眼前，白色制服
鲜亮的外表已褪色

生锈的大镰刀，年代久远的财产，
啜泣的拥抱，急促保证一定回来：
全都没了，
可是我心依然哭泣。

美国：没有安灵弥撒

美国历史学者一再修正他们对朝鲜战争的看法：1950年代称之为"警察行动"，1960年代变成"有限战争"，1970年代和1980年代，又成为内战或"被遗忘的战争"或"不了解的战争"；1990年代陆续出现的莫斯科新档案，被用来主张朝鲜战争正是当年杜鲁门总统所说的战争，是克里姆林宫策动的侵略,予以反抗是正确的。对于大多数美国人而言,朝鲜战争已经被遗忘、被埋葬。但是,美国人在墓碑上要刻上什么样的墓志铭呢?它应该不只有一句话,而应该包含两个信息:针对杜鲁门这一路的冷战自由派,朝鲜战争是胜利,是"有限战争";对于麦克阿瑟这一路的保守派,朝鲜战争是失败:美国史上第一次吃败仗,公允地说是相持不下,但不论怎么说,"胜利是没有替代品的"。麦克阿瑟的墓志铭有个问题,如果麦克阿瑟认为胜利没有替代品,他同样也会看到胜利是没有限制的:每次胜利都将要求再次进行战争。而杜鲁门自由派的问题在于,有限战争在1950年代末期成了无限战争。

因此,我们需要另一个判定:互有胜负——第一场朝鲜战争,1950年夏天的南方之战,是成功的;第二场朝鲜战争,反攻北方,是失败的。国务卿艾奇逊提出了这个精神分裂症式的墓志铭:决定保卫韩国是杜鲁门总统任内最光彩的时刻;决定向鸭绿江进军,造成了"美国外交政策无法估量的失败,摧毁了杜鲁门政府";这是"布尔朗之役*以来……(美军)最惨烈的失败"。然而,艾奇逊认为这不是他的错,而应该怪到他厌恶的人身上:他把责任都推给了麦克阿瑟。自由派的历史论述也如此下笔。朝鲜战争发生在麦卡锡主义闹得最凶的时刻,它是艾奇逊和杜鲁门的杰作;麦卡锡攻讦两人,因此在打造冷战共识的过程中,战争的经验消失了:杜鲁门和艾奇逊是好人嘛!冷战辩论几乎总是发生在中间派和右派之间,一方是麦卡锡们,另一方是艾奇逊们和汉弗莱们。甚且,对保守派或自由派而言,朝鲜战争都不是崇拜的对象,它只代表不在意,绝大部分是因为遗忘,但也是因为从来不了解。美国人"互有胜负"的看法,出现在"解放北方"的作战失败之后,这是"保留不同意见",以拼凑、修复已被撕裂的全民感情——记住一项判定,却忘记或谴责另

---

*美国南北战争爆发后,1861年7月21日北军企图攻打南方邦联首都弗吉尼亚州里奇蒙市,却惨遭挫败,伤亡2896人。这是南北两军第一次主要的陆战。——译者

一项判定。每个判定都对应着一种失忆。其结果就是一种遗忘的霸权，和战争有关的任何事，在美国都是已埋葬的历史。

朝鲜战争停滞下来后，在美国国内越来越不得人心，且重挫前线的士气。不仅美国的子弟在1950年至1951年被"粗野"的农民军队击败，后续两年中战局又僵持不下，连第二次世界大战的名将也都无能为力。这些英雄的名号一亮出来，个个响当当：阿蒙德、克拉克、迪恩、李梅、麦克阿瑟、李奇微、斯特拉特迈耶、范佛里特、沃克。就以3位名气没那么响亮的军官来说：驻朝陆战队第一师副师长爱德华·克雷格（Adward Craig）准将，曾在布干维尔岛*和关岛之役指挥陆战队第9团作战，得到铜星勋章和海军十字勋章；霍巴特·格雷（Hobart R. Gray）少将参加过两次世界大战，也曾在美墨边境追剿潘丘·维拉（Pancho Villa）**，并曾任巴顿将军的参谋长，当时是驻韩第一骑兵师师长。另外，驻朝陆战队第5团团长雷蒙德·默里（Raymond Murray）中校，曾历经瓜达卡纳尔、塔拉瓦和塞班岛战役，得过海军十字勋章和银星勋章。[3]我们还能要求什么样更高明、更有经验的将校呢？——可是战争一直没有打赢。

对朝鲜战争的评价还体现于其在美国被遗忘和埋葬的具体场所上。美国式的评价既平淡——比如献给战争老兵的一段跨州高速路——又令人震惊：在华盛顿朝鲜战争纪念碑上的联合国参战国名单中，韩国只是排在卢森堡旁边，再也没有出现在别处。这座纪念碑雅致、高深莫测，石雕士兵的脸上，呈现出朝鲜战争中的神秘和残留的紧张。在最近一篇关于国家广场上新新旧旧的纪念碑的文章中，朝鲜战争纪念碑并

---

* 太平洋战争期间，日军于1942年占领所罗门群岛附近的布干维尔岛，建立飞行基地，威胁澳大利亚。美军于1943年11月1日发起攻击，与日军缠斗到1945年8月大战结束，一直未能完全制伏日军。——译者

** 1910年墨西哥爆发革命，北方师团将领潘丘·维拉割据一方，起先是得到美国默许的，但威尔逊总统后来改变了政策，维拉遂骚扰美墨边境。威尔逊派潘兴（John Pershing）将军率5000大军，并首次动用飞机，进入墨西哥追剿，虽重挫其势力，却惹来了墨西哥人的反感。——译者

未出现——而地图上标注了所有其他的纪念碑[4]。像林璎的越战纪念碑那样大师级的作品,正是朝鲜战争所需要的。文森特·斯库利(Vincent Scully)说,林璎巧妙的表达"令人感到希望,也是个人化的……但又是极为公共化的。我们这些生者与死者融为一体,和他们共存,我们热爱他们。他们有自己的国家。这也正是这座纪念碑让老兵们如此心碎的原因——他们感到被自己的国家永远地放逐了"。这是"美国这类纪念碑中最伟大的",斯库利说。为什么?因为它阐明了"战争唯一的、无可辩驳的真相:杀人无数"。

与此同时,1994年,另一座朝鲜战争纪念碑在首尔开放。它是在卢泰愚当政时规划和筹建的(白善烨是重要策划者),是保守的韩国视角的石化象征,表明至少在40年之后的今天,北方的侵犯已经可以被"宽恕"了,它和成功的、富裕的南方拥抱在一起:在一尊特点鲜明的雕像中,身躯明显魁梧的韩国士兵正在抚慰瘦小单薄的朝鲜人民军兄弟。[5]当然,在美国关于战争的评价中,北朝鲜的看法事实上是缺席的,从那时起直到现在,都是如此。实际上,在我们美国的媒体上,北朝鲜的看法和利益没有什么值得尊重的,它只是被当作一个万能的、通用的威胁。不用说,它的领导者还没有开始直面北方在战争中所犯下的罪行;像南方一样,它需要一个全然不同的领导层来启动这一进程。但总有一天,这个隐士王国(译按:指1637—1876年的朝鲜。)将会开放,它的档案也会开放,最终,一个关于朝鲜战争的完整、多面的叙述将成为可能。

朝鲜和伊拉克

朝鲜冲突的持久难停、悬宕不决,使它成为全世界最好的范例,让大家可以看清楚,进入战争是何等容易,可是要退出战争,又是何等之难。美军部队于1945年9月抵达韩国,今天仍有30000人驻守在当地,而冷战早已结束,苏联也已解体。更令人害怕的是,战争可能再起,而且来势迅猛——的确,一场全新的、或许灾祸更大的朝鲜战争,差点在1994年6月爆发,原因是美国担心北朝鲜的核设施。在伊拉克战争取得了表面上的胜利之后,亦即2003年春末,美国的高级官员再次公开谈论试图以武力推翻北朝鲜政权。换句话说,我们和北朝鲜的战争还在持续中:"九一一"事件后,国防部长唐纳德·拉姆斯菲尔德建议针对"流氓国家"先发制人地发动核攻击[6],当情势显示入侵伊拉克即将取得胜利时,他要求修正在朝鲜半岛的基本作战计划(代号5030作战计划),并向国会争取经费以研发新型的攻击地下工事的核武器。读过这项计划的圈内人说,战略是"通过使其军队不稳定而推翻金正日政权",完成"政权变更"。这项计划受到许多"主张变更伊拉克政权的强硬路线官员"的支持。小布什政府一位不具名的高级官员认为这个计划的内容"极具侵略性,可能挑起战争"。[7]

进入新世纪后,美国又重蹈了它在朝鲜的覆辙——这次是在伊拉克。事前没有深思熟虑或自知之明,美国莫名其妙地一头栽进一片政治、社会和文化的丛林地带,现在发现脱不了身。底格里斯河和幼发拉底河交汇之处孕育过繁盛伟大的文明,但美国领导人对此几乎毫无了解。他们竟然以为他们可以打进一个主权国家,粉碎萨达姆的部队,巴格达人民会箪食壶浆以迎王师。2003年占领开始后不久,《纽约时报》记者问巴格达大学一位教授形势如何,这位学者的第一句话就说:"你们美国人对我们的国家一无所知。"

这句话或许也可以套用在1945年9月首度占领朝鲜的美国人身上。小罗斯福总统一死,他的把统一的朝鲜交付托管的构想也就寿终正寝了,国务院改用推动全面或部分占领朝鲜的计划——不问局势如何发展,他们希望在朝鲜半岛有"压倒性的优势地位",因为他们担心,万一苏联红军进入朝鲜和日本作战,在满洲的数千名朝鲜游击队员可能与苏联部队合流。他们为什么关心起朝鲜这样一个从来没被美国人认真看待过的国家来了呢?因为朝鲜被认为对日本战后的安全十分重要(日本是美国仍在交战的敌国)。因此,金日成及其盟友乃是麻烦——迄今仍是,也看不出有何解决办法。

以华盛顿决策者的陈腐之词来说,这就是"缺乏脱身之策"。事实上,自从1945年以来,美国在任何地方,除了被赶出来(如越南)或被要求走人(如菲律宾)之外,恐怕都没有脱身之策:第二次世界大战结束已进入第7个10年,美军部队仍然占领着日本、韩国和德国。决策者——几乎全是文人,只有少许军事经验或没有任何军事经验(艾奇逊是典型人物)——使美国人进入战争,却没办法带他们走出战争,五角大楼乘机接手,建立起基地,整件事就变成了永动机,以傲视世界上所有国家的国防预算当作推动它运转的燃料。

如果我们目前占领伊拉克也是这副模样,那么这个国家就将分裂,内战将会爆发(超越已经发生的程度),数百万人生灵涂炭,但什么事也解决不了;到了2060年代,30000名美军部队仍会屯驻在那里,坚守阵地,对抗邪恶的敌人(不论他是谁),而且随时可能爆发新的战争。自从我们以原子弹消灭了长崎,腊斯克半夜看着地图,于三八线上划下一道之前根本没人注意的边界线以来,我们就已被锁在危险的、没完没了并且是完全失败地和北朝鲜绑在一起的困境中。我们要到什么时候才能学到教训呢?

和解的趋向

以开朗的、基于事实的平静眼光看待一切(慰安妇是否被强迫的?)、不对任何事动怒（李梅是否纵火狂？）、不滥作判断、只实事求是（我们真的烧毁了北朝鲜所有的城镇吗？）、不作愚蠢的对比（北朝鲜和纳粹），并且不把客观与正义混为一谈，不否定人性的需要去做出抉择和判断：这是对的吗？判断可能只是一些"观点"，或者也可以称为智慧。客观或许就是同理心，最后是宽宏大量——尤其是对那些在历史之手中受苦最深重的人。

尼采的文章《历史的用途及弱点》(On the Uses and Disadvantages of History）也表达了同样的想法。我们看到他的文章以牛群在野地上啃草开始。我们羡慕它们，因为它们显得很快乐，它们在草地上徜徉、睡觉、吃草，还会生小牛。路人问它们："能不能告诉我们，你们幸福的秘诀？"牛很想回答，却答不出来——"'我老是忘了我要说些什么'——但它旋即也忘了这个回答，保持缄默。因此路人百思不解地走开。"牛只有片刻的感受，不识忧愁或无聊的滋味。同样，在野地上嬉戏的小孩也极其快乐，不知过去和未来。但是路人不明白的是，为什么不论他多么努力试图躲避，连结过去和未来的锁链却总是缠绕着他。一个时刻总是像幽灵一般地回转来，我们能经验到牛群所不能的：即所谓的"过去"，总不停地敲打我们的心神，使我们感到疼痛、内心冲突和饱受折磨，但它也给予我们"意义"。我们各自的思考和评估能力使我们各不相同，"成为靠否定、耗损和抵触自己而活的东西"（有如日本首相安倍晋三）。

记忆的对立面是遗忘，尼采认为它"对任何行动来说都不可或缺"。牢记历史和遗忘历史对人类的健康同等重要，因为遗忘是意识的守门人——他在《善恶的彼岸》中写道，若无遗忘，世界将多么的邪恶。在现今之下行动，即是在遗忘历史之下生活，它也是一种压抑。尼采有一段话提到人类压制真相、疗愈伤痛、继续前进、转化、再创造的塑造性力量，对弗洛伊德大有启发。慰安妇坚持要日本认错道歉，正是要使破裂的人生通过痛苦的挣扎，重新再造成为强大的勇者。找出承认过去罪恕的方法，了解它们是如何发生的，并和受害人和解，是走向自尊和力量的另一条路径。

这些是人类的思想、焦虑、记忆、失忆和力量的特质，朝鲜人、日本人或美国人没有什么差别。事实上，韩国领导人花了极长的时间才有效地了解了历史的价值。朝鲜的确遭逢了世界上所有民族在20世纪遭逢过的最惨痛的苦难之一，进入新世纪后国家仍然分裂。金大中这位有奇魅吸引力的政治人物，并非历史学者或学术界人物，他在1997年当选总统后，发起了和北朝鲜和解的全面努力，也和他故乡西南地区的叛党和解；后者从1890年代至1990年代，和日本人、美国人及历任韩国军事独裁者都有令人非常不快的相处经验。金大中一就任，先特赦了在1996年分别被判处死刑和无期徒刑的两位前任军事首领全斗焕和卢泰愚。全南大学学者罗看采（Na Kan-chae）曾认为，对全斗焕、卢泰愚的判决和金大中在1997年的当选，代表了光州和全罗南道人民的胜利，即使它出现在多年之后，出现在历经重大苦难之后。

金大中推出的新政策之一是"开启未来的历史"，它致力于对现代朝鲜历史上以及朝鲜与邻国之间的一切重大、艰巨的问题进行新的、诚实的审察。经过他及后任总统的努力，我们可以说韩国终于成为一个统一的国家，所有正统和非正统的"观点"都表达出来了，和平壤的和解也取得了极大进展。大多数人已改变对北朝鲜的印象，它从"邪恶的共产主义恶魔"变成了由"怪叔叔"领导的手足亲朋。继金大中之后出任总统的卢武铉于2007年4月发表了一篇重要演说，批评日本领导人替1930年代及1940年代的先人的行为寻找正当的理由，而不是寻求和邻国的共同理解："真正的和解，不论是国内的或国际的，唯有以历史真相为基础，才有可能。"[8]

朝鲜战争开始时，西南沿海的龟林村约有300人死亡。龟林是家族代代相传的古老农村，已有千年历史，共有四大姓；今天，它有600户人家。在光复之后发生的冲突中，村民拿长柄叉和锄头等农具互相攻击（在当地这是常有的现象）。某些村民支持山里的游击队，游击队则不分青红皂白强取他们需要的给养。战争爆发时，村民杀了几个警察和右翼分子。10月间，韩国部队重新夺回龟林，警察杀了90个涉嫌同情共产党的村民。1950年一整年，游击战争在本地区打个不停，但是战事在1951年稳定下来后，韩国部队的一个班长又在邻近某村处决了13名村民。崔载相（Choi Jae-sang）当年只有12岁，目睹警察要他姐姐脱掉衣服，她不肯，他们就当着她父母的面一枪打中她的脑袋。这场村子里的内战使得每一家都有怨恨，渴望复仇；数十年下来，相互敌对的家庭彼此不来往。但是，2006年，村中耆老出版了一本530页厚的乡志，列出死者之名，却不提谁是凶手，并且举办了联合祭拜仪式，成为全韩国和解的象征。后来知道，耆老们在战后集体决定，不透露谁杀了谁，也不进行报复。[9]

韩国多项调查的目的不在于追究责任或重启冷战，而是要寻求南北的和解，要建立一种了解和一种定位，对前敌人产生理解（versteben）——不是同情，或许也根本不是同理心，而是了解指引对手的原则究竟是什么，即使我们发现这些原则可怕或深刻地伤害到一个人对这个敌人历史上的作为的理解。毕竟把20世纪日本占领朝鲜以来所有的血债和痛苦都责怪到一方头上（美国人多数如此），有如把非常复杂、残忍和难以宽恕的历史硬往意识形态的针眼里去塞。但是通过公平的司法制度之安灵弥撒技术——调查、侦审、证词取供、裁定、道歉、清算、赔偿——人们终于可以和解、告慰，让他们的幽灵安息了。一旦敌人的核心原则被了解，一旦我们以敌对者的角度从各个方面看待过我们的历史，就可以向敌对者的世界观提出诉求。当然，全面承认一方（韩国）之作为，可能有助于更加了解另一方所铸成的种种冤屈。但或许最大的收获是自知，如果你不知道自己或不知道别人如何看待你（不论看法对或错），你将很难在复杂的世界中行动。

因此，我们又回到了人类与牛群的故事：尼采说，现代个人必须"浪费无法想象的大量精力……只为了要克服自身的刚愎"。牛群不必担心这个问题，但是我们必须担心——类似安倍晋三及美国历任总统等领导人也必须担心。我们唯一的凭恃是"真相的利刃"，以正义、宽宏大量和和解为最高利益，无情地使用它来"管理与惩戒"。韩国是东亚各国唯一这么做的国家——彻底、仔细检视本身的历史及其与其他国家的冲突。

现在我们设想一下"敌人"会怎么想。他们的领导人在冰天雪地、天寒地冻的满洲和日本军阀奋斗了十来年，那的确是无情和无法宽恕的奋斗，这场奋斗使得他们在1945年除了少数朝鲜人之外，与大家都截然不同。在他们眼里，他们理所当然有权让统治世代相传。真相和正义唯一的支配性的标准就是牺牲了一切来抵抗日本帝国主义者的人士将承袭祖国的权利——而和敌人日本站在一起的人应受严惩。5年过去之后，北方日益强大，拥有了一支精锐部队，因此他们做了较弱的一方也想做的事——利用朝鲜人在数十年殖民时期所没有的新式群众大军去攻击及歼灭另一方。这个目标有可能在数星期内就达成，也几乎就要达成了。不料，南进却不智地落入了美国的圈套——美国出于其本身非常不同的理由投入了战斗，从北朝鲜手边夺走了胜利之果。

美国先因防卫而介入，后又介入攻势：最糟的结果出现了，那就是北朝鲜的领土被美军占领。可是中国决心保卫自己的边界，并支持其亲密战友。不久，战斗陷入了沿着前线阵地进行的毫无结果的交火，双方就此展开谈判，两年之后签署了停战协议——但是燃烧弹如入无人之境地轰炸了北朝鲜3年，造成一片废墟，使其老百姓学会躲进地穴、山区、隧洞和临时碉堡，以地下世界为基础进行战后重建工作，并且在全民中培育了强烈的仇美意识。存活下来的领导人从1932年他们的斗争开始之时拉下一条线,中间经过恐怖的战争,一直拉到现在。他们的真相不是冰冷的、古董般的、无益的知识,而是一种"管控和惩戒的评判"[10],他们心中有一种烙印下来的信念,深信他们的最高目标就是坚持到底、赢得最后胜利,假如全国都必须服从这个任务,也义无反顾。

因此,我们陷入了荒谬的困境:保留记忆的一方依然专注于它最大的任务:打造军事性的国家,坚持抵抗敌人;可是遗忘和从未弄懂的一方,只在必要时——如北朝鲜抓了一艘南方间谍船、砍了一棵白杨树、引爆了一颗原子弹或发射了一枚火箭——才稍加注意;然后传媒争相报道,注视着平壤邪恶的敌人——战鼓频催,刀剑出鞘——可是,实际上什么事情也没发生,于是媒体又偃旗息鼓,直到再次出现风波。我们并不赞同他们,但也对他们不加注意,只会为没有出事而弹冠相庆。他们模仿柏拉图的《理想国》或天主教或斯大林式的做法:自上而下地塑造人民的精神,有如他们的儒家祖先的做法,在人们还很天真无邪时就灌输思想,并且持续不断,直至即使不是真的,至少也是在表面上达成完满的一体。他们称之为"整体主义"(monolithicism),伺机以此来打败敌人,以求一击成功。虽然他们认为自己从骨子里就善恶分明,但我们对这一点却有相当的保留。

请注意威慑的惯性作用(自从1953年以来各方在朝鲜半岛都彻底受到威慑)正在让位于不仅一方而是各方都越来越强大的军事能力。一场新的朝鲜战争可能明天早上就会爆发,美国仍将处于原先的状况:兵力强盛无人可及,可是却一头雾水,不知为何而战。彼此互不相知的军队终究会再次冲突,结果还是会出现一个关键性的事实:在朝鲜半岛不会有军事解决方案(从来也没有过)。

2009年的北朝鲜政府由一个"国防委员会"当家做主,其12名委员个个都是打过朝鲜战争的光荣老帅。他们是过去的维护者,也是过去的囚徒。他们自1945年开始就聚集在一起,对抗过去、现在和未来的压力，也力抗世界史上最强大的军事大国。美国人自认对它颇有了解：北朝鲜有个自负、不负责任、放肆、残忍和危险的领导层，金正日即是代表人物，不过美国人太过杞人忧天了。至于"不可或缺的大国"的领导人，他们则既不了解这场战争的性质，也不晓得他们敌人的特质。这不是遗忘，而根本是无知；不是刻意的无知，却是刻意的不求甚解，因此才一再地低估敌人——使得对手占尽便宜。最后，我们得到的是那场夺走数百万人性命而且毫无意义的战争的邪恶的、笑嘻嘻的形象，因为它一直持续未停，是胜利的幸存者，而且它永远也不会结束。它以千奇百怪的形式——记忆、创伤、鬼魂、压抑、沿着非军事区的日常性的紧张——困扰着生者，而它正是国家分裂以来朝鲜悲剧唯一的"完成式"。

太平洋战争始于1931年，终于1945年；而朝鲜战争则始于1945年，即使战斗在1953年停下来了，战争却从未终结。始于1931年至1932年的北朝鲜与日本的战争，也从未停止；韩国已于1965年实现了与日本关系的正常化，但经过多次失败的谈判，平壤和东京都从未能做到关系正常化或修好——因此从北朝鲜的角度看，两场战争都尚未有"结局"，都没有得到合适的解决。当然，美国不是这么划分这些战争的，但日本和韩国的许多历史便宜行事地把这两场冲突定为自1931年或1945年开始，可是执着于历史的北朝鲜人却上溯至大家早已不记得的1932年3月1日——受过兵灾痛苦的人对它们始于何时、终于何时最为敏感。

如果美国人无法理解这场"被遗忘的战争"主要是朝鲜人之间、为了朝鲜的目标而交战的冲突，他们应该倾听美国伟大的历史学家对自己国家的内战所说过的话。国际干预自有其重要性——尤其是美国的介入——但是基本动力来自半岛内部，来自这个从穆罕默德时代就有固定疆界、历史绵延至今的古老国家。朝鲜半岛在柏林墙倾塌之后仍多年分裂，是因为这场战争不仅深深地划伤了朝鲜人的躯体，也伤害了朝鲜人的心灵。

朝鲜战争终究将被理解为20世纪最重要的战争之一，也是破坏最巨大的战争之一。或许有高达300万朝鲜人死亡，其中至少半数是平民。（日本在太平洋战争中的人命损失是230万人。）朝鲜战争在日本境外炽热交战，使日本经济复苏，工业大为振兴，有人把它比作"日本的马歇尔计划"。战争之后，朝鲜南北方在经济发展方面激烈竞争，两者都成了现代工业国家。最后，是朝鲜战争而非第二次世界大战，使美国在国外设立了无远弗届的军事基地体系，在国内亦建立了严密的安全体制，1950年下半年，国防预算增加至原来的将近4倍之多，使美国成了世界警察。

注　释

【文件名词】
FO 英国外交部
FR 美国外交关系
HST 杜鲁门总统图书馆
MA 麦克阿瑟档案（诺福克）
NA 国家档案
NDSM 劳动新闻（平壤）
NRC 国家记录中心
PRO 公共记录处
RG Record Group
USFIK 驻韩美军

【导　言】
1. Hastings (1987), 105.

【第一章】
1. Tim Weiner, " Robert S. McNamara, Architect of a Futile War, Is Dead at 93", *New*

York Times (July 7, 2009), A1, A9—10.

2. Michael Shin 即将出版的书是对此一现象最佳的分析。(编按：作者指的应是 *The Specter of Yi Gwangsu: The March First Movement and the Nation in Colonial Korea*，目前仍未出版。)

3. 若干老兵告诉我，他们认为霸凌在韩国比在越南更常见。我对此无从判断。

4. William Mathews Papers, box 90, "Korea with the John Foster Dulles Mission", June 14—29, 1950.

5. Acheson Seminars, Princeton University, February 13—14, 1954.（这些研讨会旨在协助艾奇逊撰写回忆录。）

6. 相关文献参见 Cumings (1990), ch. 14。

7. 我在 *War and Television: Korea, Vietnam and the Persian Gulf War* (New York: Verso, 1992) 中对此有相当详尽的讨论。

8. Noble (1975), 20, 32, 105, 118—119.

9. Acheson Seminars，1954 年 2 月 13 日至 14 日的录音誊文。凯南这句话出自他在 1950 年 6 月底在笔记本上写下的评论。奥马尔·布莱德利（Omar Bradley）将军也提到过艾奇逊主导决定的过程，见 Bradley (1983), 536。凯南于 6 月 26 日写的一份备忘录支持艾奇逊的决定，他说，"我们在朝鲜应该强力反应"，"击退"攻击。他认为，倘若美国不能保卫大韩民国，伊朗和柏林就将受到威胁。(Princeton University, George Kennan Papers, box 24, Kennan to Acheson, June 26, 1950 .) 关于艾奇逊对此一决定的讨论，见 Acheson (1969), 405—407。

10. Truman Presidential Library (HST), Presidential Secretary's File (PSF), CIA file, box 250, CIA daily report. July 8, 1950.

11. Thames Television interview, Athens, Georgia, September 1986. 另见 Thomas J. Schoenbaum, *Waging Peace and War* (New York: Simon and Schuster, 1988), 211。

12. 朝鲜战争退伍老兵的说法，引自 Tomedi (1993), 186—187, 197—205; Sawyer (1962), 124—126、130、134、141、153。

13. Princeton University, Dulles Papers, John Allison oral history, April 20, 1969; ibid., William Sebald oral history, July 1965. Sebald 的话引自他日记中说麦克阿瑟有过类似的话，另见 Casey (2008), 28, 68。

14. *New York Times*, July 14, 1950.

15. *New York Times*, July 19, 1950.

16. *New York Times*, August 21, 1950. 见辛普森对纳粹血腥镇压乌克兰游击队的血淋淋的记载,他认为镇压之凶残"历史上无可比拟"。Christopher Simpson, *Blowback: America's Recruitment of Nazis and Its Effects on the Cold War* (New York: Weidenfeld and Nicolson, 1988), 13—26.

17. *Letter to New York Times*, July 16, 1950. Taylor 指出西方军队并非一向遵循这种命令。

18. *New York Times*, August 5, 1950; British Foreign office, FO317, piece no. 84065, Sawbridge to FO, August 17, 1950; Carlisle Barracks, Matthew Ridgway papers, box 16, Willoughby to Ridgway, August 7, 1950.

19. National Record Center (NRC), Record Group (RG) 338, Korean Military Advisor Group(KMAG) file, box 5418, "KMAG Journal," entries for July 24, August 8, 1950; handwritten "G-3 Journal," July 1950; Appleman (1961), 478; *New York Times*, August 17, 1950; NRC, RG 349, box 465, CIC report of August 17, 1950.

20. MacArthur Archives(MA), RG6, box 80, ATIS issue no. 28, March 11, 1951,它翻译了被认定是情报官崔白云(Choe Pae-yun)的一本笔记本,并引述朴基成的话。它是在1951年2月4日虏获的。其他文件收在 Carlisle Barracks, William V. Quinn Papers, box 3, periodic intelligence report no. 120, 日期不详,但有可能是1951年1月。

21. James (1993), xi, 140—144, 178, 195.

22. Michael Walzer, *Just and Unjust Wars: A Moral Argument with Historical Illustrations* (New York: Basic Books, 1977), 117—123.

23. Zhang (1995), 44.

24. Ibid., 63, 71—84.

25. 引自 Knox (1985), 390。

26. National Archives (NA), Office of Chinese Affairs file, box 4211, Hong Kong to State, October 26, 1950; FO317, piece no. 83271, FO minute on Mukden to FO, November 23, 1950. 聂荣臻和周恩来关系密切,聂1924年在柏林接受周恩来的

领导，1925年进入黄埔军校，协助周恩来吸收共产党员（包括林彪）。聂荣臻扮演"关键角色"取得了苏联的武器，装备在朝鲜蓄势待发的部队。[William Whitson, *The Chinese High Command: A History of Communist Military Politics*, with Chen-hsia Huang（New York: Praeger, 1973），93—95, 307, 338—339.]

27. William R. Corson, *The Armies of Ignorance: The Rise of the American Intelligence Empire* (New York: Dial Press, 1977), 205.

28. Knox (1985), 469, 604; Thompson (1951), 147.

29. MA, RG6, box 9, MacArthur to Army, November 6, 1950; MacArthur to JCS, December 4, 1950. 加斯科因认为威洛比可能"捏造数字"，夸大中国部队进入北朝鲜的兵力，指出报告的人数一夜之间从17000人暴增至200000人（FO 317, piece no. 84119, Gascoigne to FO, November 24, 1950）；另见 HST, PSF, CIA file, box 248, daily report for November 27—December 16, 1950; Carlisle Barracks, General Edward Almond Papers, "Korea War, Historical Commentary," Almond letters to H. E. Eastwood, December 27, 1950, and W. W. Gretakis, December 27, 1950。联军撤退时，兴南一连数日遭到炮轰。

30. Thompson (1951), 247, 265.

31. 关于空战的残暴和恐怖，详见 Cumings (1990), Ch. 21。

32. NA, Diplomatic Branch, 995.00 file, box 6175, George Barrett dispatch of Feb. 8, 1951; also Acheson to Pusan Embassy, Feb. 17, 1951.

33. 关于朝鲜战争战俘问题的最佳文献是 Biderman and Meyers (1983)；另见 Foot (1990), 109—121, 197—198。迪恩将军写道，俘虏他的共产党人把马列主义当成孔子儒家典籍研读，而且似乎完全真心信服他们是在打造美好社会。见 Dean (1954), 192 及全书。

34. 不同数据源的数字有相当大的出入；譬如可比较 Hutchinson 百科全书 (http://encyclopedia.farlex.com/Korean+ War+ casualties) 及 www.britannica.com/EB checked/topic-art/616264/67418。我认为前者的数字比后者更接近事实，因此本文引用了它的数字。

35. 杜鲁门立刻把朝鲜战争同希腊内战联系起来看待。联合国军最高统帅部早期发表的新闻稿宣称，美国"积极介入朝鲜内战"，新闻记者也经常如此称呼朝鲜战争。这导致国务院公共事务办公室给所有的官员下达指示,强调"标签非常重要",不应再用"内战"这个名词。见 Casey (2008), 41。

【第二章】

1. Jon Herkovitz, "Japan's PM Haunted by Family's Wartime Past," October 20, 2008. Kosuke Takahashi, " Taro Aso with a Silver Spoon" (September 23, 2008), www.atimes.com./atimes/Japan/J124Dh02.html.

2. Tamogami Toshio, " Was Japan an Aggressor Nation?", www.japanfocus.org.

3. 引文摘自 Larry Niksch, "Japanese Military's 'Comfort Women System ,' " *Congressional Research Service* (April 3, 2007), 6.（斜体字为本书作者强调。）

4. Niksch , ibid., 10; Tessa Morris-Suzuki," Comfort Women: It's Time for the Truth (in the Ordinary, Everyday Sense of the Word)", March 22, 2007, Australia Peace and Security Network (APSnet).

5. Soh (2008), 3, 12, 15, 91—92, 103, 125, 138—140, 183, 186.

6. Ibid., 193, 211—216. See also Tak Fujitani, *Race for Empire: Koreans as Japanese and Japanese as Americans during World War II*, University of California Press.

7. 例如,可参见 Saundra Pollock Sturdevant and Brenda Stoltzfus, *Let the Good Times Roll: Prostitution and the U.S. Military in Asia* (New York: New Press, 1992)。

8. Morris-Suzuki, " Comfort Women" .

9. 韩洪九根据韩文、中文、日文罕见的材料之历史考据,是最杰出的有关北朝鲜领导人出身之英文资料源。见 Han, *Wounded Nationalism: The Minsaengdan Incident and Kim Il Sung in Eastern Manchuria* (Seattle: University of Washington Press, forthcoming)。后面章节讨论到美国的占领,所有信息皆载于 Cumings (1981)。

10. Yamamuro (2006), 259.

11. 韩文版书名"인간문제",即《人间问题》。它最先在1934年于《东亚日报》上连载,后由 Samuel Perry 译为英文,以英文书名 *From Wonso Pond* 在 2009 年由纽约女性出版社发行,以下简称 Kang (1934)。姜敬爱于1944年去世,年仅39岁。大韩民国的独裁者把她的书列为禁书达30年之久。

12. Bertolt Brecht, "The Measures Taken", in John Willett and Ralph Manheim, eds., *The Measures Taken and Other Lehrstiicke* (New York: Arcade Publishing, 2001), 9, 34.

13. NA, Office of the Chief of Military History, "Military Studies on Manchuria" (1951), 这项研究搜集了美国军官对前日本反叛乱指挥官之访谈。这些日本军官认为, 这是"金日成和崔贤大约2月份赴苏联, 5、6月才回满洲"的原因。和田春树创造了"游击队国家"这个名词。

14. 同上, 对日本人做法更详尽并附带文件的讨论, 参见 Lee (1966)。

15. Ibid.

16. Han (1999), 8, 13.

17. Han (1999), 324—326; Suh (1988), 37—38.

18. Kim Se-jin, *The Politics of Military Revolution in Korea* (Chapel Hill: University of North Carolina Press, 1973), 48—57.

19. Charles K. Armstrong, *The North Korean Revolution, 1945—1950* (Ithaca, N.Y.: Cornell University Press, 2003), 31. NA, Office of the Chief of Military History, "Military Studies on Manchuria" (1951).

20. Suh (1988), 37—38.

21. 金日成1948年2月8日演讲稿, 收于《论祖国的统一、独立和民主化》(平壤, 1949), 73—87。

22. 例如, 参见 Nicholas Eberstadt, *The End of North Korea* (Washington, D.C.: American Enterprise Institute, 1999), 1。

23. 内人(Meredith Woo)制作的一部有关遭迫迁的朝鲜人的纪录片《高丽人》(*Koryo Saram*), 访谈了许多幸存者。

24. 近年来学者读过许多不同文字的记录, 如和田春树、查尔斯·阿姆斯特朗、韩洪九和兰可夫等人, 挖掘出了金日成从1931年至1945年从事抗日游击活动的历史。

25. Lankov (2002), 7—8, 59.

26. 我发现有关这一点的文件, 并于 Cumings (1990) 中提了出来。

【第三章】

1. "On the Uses and Disadvantages of History for Life," in Nietzsche (1983), 60—61.
2. Quoted in Friedlander (1979), 182.
3. Rosenberg (1995), xiii; also Jameson (1981), 9; Foucault (1972), 8—13; Friedlander (1979), 79.
4. Nietzsche (1967), 57-58, 61 (emphasis in original); Winter (2006), 271.
5. Martha Gellhorn, *The Face of War* (New York: Atlantic Monthly Press, 1988), 274—275.
6. Nietzsche (1983), 78, 84.
7. Public Record Office (PRO), London, FO file 317, piece no. 83008, Stokes to Bevin, December 2, 1950.
8. Adam B. Ulam, *Expansion and Coexistence : Soviet Foreign Policy, 1917—1973*, 2nd ed. (New York : Praeger, 1974), 520.
9. Thucydides, *History of the Peloponnesian War*, trans. Rex Warner (New York: Penguin Books, 1954), 147.
10. Fussell (1975), 155.
11. Casey (2008), 219, 221—222. 唯一一部对战争发牢骚的电影，Sam Fuller 的《钢盔》(*Steel Helmet*, 1950) 立刻成为政治攻击的对象。
12. 汤普森发现了朝鲜的美丽，但是他明显更喜欢住在日本。见 Thompson (1951), 272。
13. www.amazon.com/Ten-Best-Books-Korean-War/Im/R44H26DIANVO9.
14. 例如，罗伯特·卡普兰（Robert Kaplan）在他的文章《北朝鲜陨落》("When North Korea Falls", *The Atlantic*, Oct.2006, 64—73）中，对白将军就有详尽报道。从 1950 年代至 1980 年代，世界反共联盟（世盟）把汉城、台北及其他受威胁的右翼政府的反共人士，和日本、美国的极右派人士结合在一起（如笹川良一，对世盟捐助良多）。麦克阿瑟的"参二"情报首长威洛比将军，当世盟总部设在汉城时，显然也协助世盟从右翼极端分子比利·詹姆斯·哈吉斯十字军（Billy James Hargis Crusade）处取得经费。见世盟秘书长荷西·赫南德兹（Jose Hernandez）致威洛比信函，收在威洛比文件第12箱。世盟以韩国及（中国）台湾为创始会员，一路走来，集结了各式各样东欧流亡战犯、过气的战前法西斯、反犹太人士以及拉丁美洲的死刑队。《最寒冷的冬天》(*The Coldest Winter*)中的另一位英雄人物辛洛布将军（John Singlaub）1980年代筹组世盟美国分部，与CAUSA International 密切合作。而CAUSA International 是文鲜明牧师创办的组织。见 Scott Anderson and Jon Lee Anderson, *Inside the League* (New York: Dodd, Mead, 1986), 55, 120, 150—151, 238，其中有详尽记载。

当我参与泰晤士电视台的纪录片《韩国：未被了解的战争》(*Korea: The Unknown War*)时，获悉"媒体真确"（Accuracy in Media）的里德·欧文（Reed Irvine）打电话给波士顿的公共电视制作人奥斯汀·霍伊特（Austin Hoyt），霍伊特当时替泰晤士电视台工作，担任纪录片公共电视台版的导演。欧文向他暗示，如果我们没有采访某些人，他就要指控我们偏颇。他提到的第一个人是理查德·史迪威将军（Richard Stilwell），朝鲜战争时在朝鲜半岛工作的中央情报局人员。霍伊特同意访问史迪威，告诉我反正本来就要访问他。史迪威又推荐我们访问豪斯曼，豪斯曼又推荐他的好友白善烨接受访问。

15. Hendrik Hertzberg, "The Fifth War," *New Yorker* (November 30, 2009), 23.

16. Martin (2004), 63.

17. Ibid., 65; Lowe (1997), 59—60. 我在 *Origins* 第二卷以一整章充分讨论了它。

18. Horwitz (1997), 31, 82, 119, 149, 156, 207, 230, 270, 272.

19. Horwitz 估计600万美国人在这场战争中服役。

20. Gregory Henderson, "Korea, 1950," in Cotton and Neary (1989), 175—176. See also Henderson (1968).

21. Ha Jin (2004), 13, 35, 51, 57, 89, 159.（迪恩将军对朝鲜的看法和哈金相同。）

22. Ibid., 150—152, 174—175, 186.

【第四章】

1. Knightly (1975), 338. 这是报道朝鲜战争的一本经典作品。

2. 见 Knox (1985), 6, 67, 116 及全书各处。

3. Dean (1954), 163.

4. *New York Times,* September 1, 3, 1950.

5. *New York Times* editorial, July 27, 1950; *New York Times* editorial, July 5, 1950. 中央情报局此时也把金日成列为冒牌货,认为他冒用了1940年左右死在满洲的一位游击英雄的名字。

6. Thompson (1951), 39, 79.

7. Knox (1985), 117—118, 157, 288, 295, 359.

8. Knightly (1975), 344—354; Foot (1990), 67. 新闻检查始于1950年12月,1951年后全面体制化。关于新闻检查的完整讨论,见 Casey (2008), 8—9, 170—171 及全书各处。"有意诋毁大韩民国部队的故事"自此受禁。

9. Knightly (1975), 347.

10. Princeton University, Allen Dulles Papers, box 57, Ascoli to Dulles, April 8, 1952. 另见 Jon Halliday and Bruce Cumings, *Korea: The Unknown War* (New York: Pantheon Books, 1988), 72。关于中情局作为自由派人士避难处的引句,来自科森(Corson)的《无知的军队》(*Armies of Ignorance*), 27。虽然最后无法证明,斯坦利·巴卡拉克(Stanley Bachrach)依然相信,中情局出钱赞助了中国游说团的另一外围组织"百万人委员会"。[*The Committee of One Million : "China Lobby" Politics* (New York: Columbia University Press, 1976), 55.]

11. 戴维·欧辛斯基(David Oshinski)在《大阴谋:麦卡锡的世界》(*A Conspiracy So Immense: The World of Joe McCarthy*) (New York: Free Press, 1983), 111 中引述了"一袋子屎"这句话;苏联《消息报》(*Izvestia*)的评论,载于《纽约时报》,1950年3月27日;《共产党人及可疑分子》("Communists and queers")和《吸蛋的自由派》("Egg-sucking liberals"),同上, 1950年4月21日。

12. 凯普哈特的话在 Hodgson(1976), 34 中引述。1951年有位选民写信给汤姆·康纳利（Tom Connally）参议员说："得州人民已经厌倦了这种英国的绥靖政策，它由英国人强加给我国，而这个英国人的官衔是（美国）国务卿。"Elmer Adams 致 Connally, 1950 年 5 月 21 日，Connally Papers, box 45。

13. 或者是如何不像：希斯案的联邦检察官托马斯·莫菲（Thomas F. Murphy）说："这个共产党人并不像一般观念中的共产党人。他没有凌乱不剪的头发，他不戴角质边框眼镜，也不带着《工人日报》。他也不穿宽大的裤子。"（《纽约时报》，1950 年 3 月 13 日。）

14. 有关格拉齐丹泽夫及其他人的调查，见 MA, Willoughby Papers, box 18,《左派渗透进入联合国军最高统帅部》，1947 年 1 月 15 日及其后；应本杰明·曼德尔（Benjamin Mandel）之请，威洛比把他 1947 年的调查报告提供给了麦卡连小组委员会(McCarran Subcommittee)的门德尔。他也说，他已把它们交给麦卡锡(box 23, Mandel to Willoughby,1954 年 2 月 19 日)。另见 Willoughby to W. E. Woods of HUAC, 1950 年 5 月 1 日，Willoughby Papers , box 10。

15.《纽约时报》，1950 年 3 月 14 日、22 日、27 日和 31 日。有关拉铁摩尔案最杰出的记录，见 Stanley I. Kutler, *The American Inquisition: Justice and Injustice in the Cold War* (New York: Hill and Wang, 1982), 183—214。

16.《纽约时报》，1950 年 4 月 4 日。

17.《纽约时报》，1950 年 5 月 16 日。

18.《美国对华政策圆桌会议讨论记录誊本》，美国国务院，1949 年 10 月 6 日至 8 日，解密后见于 Carrolton Press, CRC 1977, item 316B。有人，显然是一位国务院官员，在誊本原件上拉铁摩尔关于李承晚政府内有许多人曾与日本合作的谈话旁打了一个大问号。誊本中引述泰勒的话说"冷繁荣圈"，显然是记录员笔误，我在引用时已予以更正。关于拉铁摩尔对美国在朝鲜战争中的角色的支持，见《纽约时报》，1950 年 8 月 1 日。

19.《纽约时报》社论，1950 年 4 月 5 日及 19 日。其他负责官员也有此一"令人震惊的观点"者大多是 1948 年至 1949 年的陆军部高级官员，他们随时可以放弃大韩民国，认为即使由共产党接管也无妨；劳顿·柯林斯（Lawton Collins）将军告诉 1951 年的参议院麦克阿瑟听证会（证词当时被删掉）说：朝鲜"没有特别的军事重要性",如果苏联完全占领朝鲜半岛,日本受到的威胁也不会比今天来自海参崴和山东半岛的威胁大出多少。

20. McAuliffe (1978), 147.

21. Hodgson (1976), 89, 97.

22.《纽约时报》,1950年7月10日,读者投书。

23. 作者访问一位仍然希望保密姓名的韩裔美国人的谈话记录。这位人士也称至少有位温和的自由派、在美国西海岸某大学任教的反李承晚的韩籍教授,在联邦调查局调查后失去了教职,但幸好没被遣返韩国。可是,他沦为无国籍者,多年无法取得护照。被递解出境的几个朝鲜人和在洛杉矶发行的左派朝鲜文报纸《朝鲜独立报》(*Korean Independence*)有关。

24. *U.S. News*, September 29, 1950.

25. Oshinsky (1983), 180.

26. 关于胡佛、威洛比、惠特尼和史密斯如何协助麦卡锡,见 Thomas C. Reeves, *The Life and Times of Joe McCarthy* (New York: Stein and Day, 1982), 318, 502;关于1953年的事件,见 Willoughby Papers, box 23;John W. Jackson letters, written on Justice Department stationary to Willoughby and to Ho Shih-lai, both dated October 16, 1953。(有关拉铁摩尔、戴维斯和其他人)造假档案之事在 Robert Newman, "Clandestine Chinese Nationalist Efforts to Punish Their American Detractors," *Diplomatic History* 7: 3 (Summer 1983), 205—222 中讨论。

27. Karl Wittfogel, *Oriental Despotism* (New Haven: Yale University Press, 1957).

28. Leon Trotsky, *Stalin* (New York: Stein and Day, 2nd ed., 1967), 1—2, 358. 另见 Stephen Cohen, *Bukharin and the Bolshevik Revolution* (New York: Vintage Books, 1979), 291,布哈林称呼斯大林是"成吉思汗";另外,Issac Deutscher, *Stalin: A Political Biography* (London: Oxford University Press, 1949), 472,说斯大林是"原始的、东方的,但是一贯精明"。

29. 波贝的叛逃在 Christopher Simpson, *Blowback* 中有详细的讨论。

30. Perry Anderson, *Lineages of the Absolutist State* (London: Verso, 1974), 462—549.

31. 例如，Chong-sik Lee, "Stalinism in the East Communism in North Korea," in Robert Scalapino, ed., *The Communist Revolution in Asia* (Englewood Cliffs, N.J.: Prentice-Hall, 1969)。

32. 金正日试图"以装疯卖傻"吸引美国人注意——"事实上他几乎确实是个疯子，也有助于此一布局"。Coll, "No Nukes," *New Yorker* (April 20, 2009), "Talk of the Town"。

33. Daniel Sneider, "Let Them Eat Rockets," *New York Times* Op-Ed, April 8,2009.

34. Martin (2004), 259.

35. Jameson (1981), 295—296, 298；另见 Kantorowicz (1957), 4—14。对于北朝鲜政权性质最上乘的分析，见 Heonik Kwon, "North Korea's Politics of Longing," *Japan Focus* (April 2009)。

36. 引自 Theodore Von Laue, *Why Lenin, Why Stalin, Why Gorbachev* (New York: HarperCollins, 1997), 182。另参见 155 页。

【第五章】

1. Akizuki Tatsuichiro, *Nakasaki 1945*, trans. Nagata Keiichi (New York: Quarter Books, 1981), 24—25, 31, 155.

2. Central Intelligence Agency, "Korea", SR-2, Summer 1947, and "The Current Situation in Korea", ORE 15—48, March 18, 1948.

3. Sawyer (1962), 80—82.

4. Lowe (1997), 44.

5. 本节的引文和事件来自军政府当时的报告，转引自笔者所著 *Origins of the Korean War*, Vol. I (Princeton, N.J.: Princeton University Press, 1981), 298—304。

6. U.S. 6th Infantry Division Headquarters (December 31, 1946), in XXIV Corp Historical File, NA.

7. Cumings (1981), 364.

8. 此处的材料来自与 Soon Won Park, *Colonial Industrialization and Labor in Korea: The Onoda Cement Factory* (Cambridge, Mass.: Harvard East Asian Monographs,

1999)第四章，161—186 页。

9. Seong Nae Kim, "Lamentations of the Dead : The Historical Imagery of Violence on Cheju Island, South Korea," *Journal of Ritual Studies* 3:2 (Summer 1989), 253. 另参见 John Merrill, " The Cheju-do Rebellion," *Journal of Korean Studies* 2 (1980), 它说人数为 30000 人（194—195 页）。

10. NA, USFIK 11071 file, Box 62/96, transcript of Hodge monologue to visiting congressmen, October 4, 1947; RG 332, XXIV Corps Historical file, box 20, "Report of Special Investigation — Cheju-Do Political Situation," March 11, 1948, 由劳伦斯·尼尔森（Lawrence A. Nelson）中校撰稿。尼尔森从 1947 年 11 月 12 日至 1948 年 2 月 28 日在济州。

11. USFIK, G-2 Weekly Summary no. 116, November 23—30, 1947; *Seoul Times*, June 15 and 18, 1950. 这些文件报告了一群来自汉城的记者的调查结果。

12. Seong Nae Kim, " The Cheju April Third Incident and Women: Trauma and Solidarity of Pain," paper presented at the Jeju 4.3 Conference, Harvard University, April 24—26, 2003.

13. *Seoul Times*, June 18, August 6, August 11, 1948; USFIK G-2 Intelligence Summary no.144, June 11—18, 1948; NA. Office of the Chief of Military History. " History of the U.S. Army Forces in Korea" (HUSAFIK), vol. II, Part 2, " Police and National Events, 1947—1948." 韩国国防部长李范奭（Yi Pom-sok）向国会报告叛乱的起因时，认为是"在解放之后冒出来的所谓的人民共和国之宣传和阴谋"所致，而它在济州"仍然存在"。（NA, 895.00 file, Box 7127, 德鲁威特致国务院文中，即附了李范奭 1948 年 12 月份的这一报告。）但李承晚通常把它归咎于北朝鲜。

14. USFIK G-2 Intelligence Summary no. 134—142, April 2—June 4, 1948; *Seoul Times*, April 7 and 8, 1948; HUSAFIK, "Police and National Events, 1947—1948".

15. Carlisle Barracks, Rothwell Brown Papers, Brown to Hodge, " Report of Activities on Cheju-Do Island from 22, May 1948, to 30 June 1948".

16. 平壤，《劳动新闻》，1950 年 2 月 11 日。济州左派分子和共产党从来没有和北朝鲜有过有效的关系，即使今天在大阪的济州叛乱幸存者，依然独立于北朝鲜，出版的叛乱纪实并未采取亲金日成路线。

17. NA, RG 94, Central Intelligence, entry 427, box no. 18443, 441st CIC detachment, report from Cheju of June 18, 1948.

18. NA , USFIK 11071, box 33, " Opinion on the Settlemeat of the Cheju Situation," July 23, 1948, by Ko Pyong-uk , KNP superintendent.

19. Rothwell Brown Papers, Brown to Hodge, "Report of Activities on Cheju-Do Island from 22, May 1948, to 30 June 1948" ; *Seoul Times*, June 5 and 7, 1948. 我没有找到日本军回来的证据，不过这不代表没有这回事。

20. *Seoul Times*, August 6 and 11, 1948; G-2 Intelligence Summary no. 146, June 25—July 2, 1948; NA, RG 338, KMAG file, box 5412, Roberts, " Weekly activities," November 8, November 15, December 6, 1948. 罗伯茨也说，叛党虽火烧村庄，但看来还是当局放火焚烧的情形占多数。

21. USFIK, G-2 Intelligence Summary no. 154, August 21—27, no. 159, September 24—October l, no. 163, October 22—29, 1948; NA, RG 94, Central Intelligence entry 427, box no. 18343, 441st CIC detachment monthly report, October 21, 1948; 895.00 file, box no. 7127, Drumwright to State, January 7 and 10, 1949.

22. NA, 895.00 file, box 7127, Drumwright to State, March 14, 1949; Muccio to State, April 18, 1949.

23. FO , F0317, piece no. 76258, Holt to Bevin, March 22, 1949.

24. NA, 895.00 file, box 7127, Drumwright to State, May 17, 1949; Maceio to State, May 13, 1949.

25. " The Background of the Present War in Korea," *Far Eastern Economic Review* (August 31,1950), 233—237；作者隐名，是在占领当局任职、知情的美国人。另见 Koh Kwang-il, "In Quest of National Unity," *Hapdong t'ongshin*, June 27, 1949, 149, 引自 *Sun'gan t'ongshin*, no. 34 (September 1949), 1. 另见 NA, RG349, FEC G-2 Theater Intelligence, box 466, May 23, 1950, G-2, 有关济州的报告有知事的官方数字。他说，叛乱之前岛上人口 40 万；我认为这个数字太高。有关北朝鲜详细的说法，见 Yi Sung-yop, " The Struggle of the Southern Guerrillas for Unification

of the Homeland," *Kulloja*（《苦劳者》）, January 1950, 18。

26. NA, 895.00 file, box 7127, account of a survey of Cheju by Captain Harold Fischgrund of KMAG, in Drumwright to Muccio, November 28, 1949. Fischgrund 认为西北青年团所有团员都应调离济州，当然他们并未调走。

27. NA, 795.00 file, box 4299, Drumwright to State, June 21, 1950; box 4268, Drumwright to Allison, August 29, 1950, enclosing a survey, "Conditions on Cheja Island". 另见 *Korean Survey* (March 1954), 6—7. 美方认为李德九死于6月，但是北朝鲜追赠李勋章时说，他在1949年8月于大陆死于游击队伏击。见《劳动新闻》1950年2月11日。

28. Seong Nae Kim，"Lamentations of the Dead," 251—285.

29. "History of the Rebellion," USFIK 11017 file, box 77/96, packet of documents in "Operation Yousi [sic]".

30. "Operation Yousi," ibid., "G-3 to C/S," October 20, 1948; "W. L. Roberts to CG, USAFIK," October 20, 1948; "Capt. Hatcher to G-3," Ocfober 21, 1948; "History of the Rebellion," USFIK 11017 file, box 77/96, KMAG HQ to Gen. Song Ho-song, October 21, 1948. 这封信没有落款，但可能出自罗伯茨将军。这份档案含有韩国军警单位和驻韩美军司令部之间许多原始往来文件，也有许多每日情报报告。关于美军C-47运输机，见740.0019 file, box C-215, Muccio to State, May 3, 1949。驻韩美军顾问团（KMAG）当时名称为PMAG，因为它还是"临时"性质。

31. 接受泰晤士电视1987年2月之访问。

32. Hoover Institution, M. Preston Goodfellow Papers, box 1, draft of letter to Rhee, 没有日期，只知是1948年底。

33. NA, 895.00 file, box 7127, Drumwright to State, February 11 and 21, 1949. 1949年3月，德鲁威特要两位副领事向美国传教士征询政治信息：

> 强调，代表团一向完全明白，传教士的工作完全不涉政治。然而，私底下，他们已融入地方，活动又遍及农村，这样，不需做有意识的努力，就会有相当多的"政治"信息自然而然地会被他们注意到（尤其是他们通晓朝鲜语）。鉴于美国政府的工作是对抗共产主义并保持

韩国政府的强大，它必须知道汉城之外的情况，因此这些琐碎的传教士信息十分宝贵。

见 NA, 895.00 file, box 7127, 德鲁威特的指令包含在 Drumwright to State, March 17, 1949 中。另见 ECA 官员埃德加·约翰逊（Edgar A. J. Johnson）1950 年 6 月 13 日向国会提出的证词。证词表示大韩民国陆军去年剿灭了 5000 名游击队员，它已"准备好迎接北朝鲜部队的任何挑战"（引自《纽约时报》1950 年 7 月 6 日）。

34. "Military Studies on Manchuria".

35. Hugh Deane papers, "Note on Korea", March 20, 1948.

36.《纽约时报》1950 年 3 月 6 日及 15 日。

37. Paul Preston, Letter to the Editor, *Times Literary Supplement* (May 1, 2009), 6.

38. NA, 895.00 file, box 7127, Muccio to State, May 15, 1949; Drumwright to State, June 13, 1949.

39.《劳动新闻》1950 年 2 月 6 日。松岳山位于开城和三八线之间。我在 1987 年访问开城时，这座山头仍然弹痕累累。

40. UN Archives, BOX DAG-1/2.1.2, box 3, 关于 1949 年 6 月 15 日简报的记录。

41. MacArthur Archives, RG 9, box 43, Roberts to Department of the Army, August, August 1, August 9, 1949;《纽约时报》1950 年 8 月 5 日；《劳动新闻》1950 年 2 月 6 日。

42. NA, 895.00 file, box 946, Muccio, memos of conversation on August 13 and 16, 1949.

43. 国务院官员尼尔斯·邦德（Neils Bond）告诉澳大利亚官员，穆乔和罗伯茨"一再警告韩国，（北伐）行动将造成美援停止、军事代表团撤走"及其他措施。见 Washington to Canberra, memorandum 953, August 17, 1949; 另参见英国外务部（FO 317），Piece #76259, Holt to FO, September 2, 1949。

44. Cumings (1990), 572—573, 582—585.

45. 见翻译及重印，收在 *Cold War International History Project Bulletin*, no. 5 (Spring 1995), 6—9 的文件二至文件六。

46. 我从未见过如此高的数字。他的数字中可能包括了住在中国的朝鲜族人士。Zhang (1995), 44—45.

47. 任何人如果自认已确切知道1950年6月的状况，一定还未充分读过文件记录；从苏联、中国和南、北朝鲜以及美国国家安全局的档案中，还有许多可以挖掘、研究的材料。美国国家安全局仍有有关朝鲜战争的重要情报，尚未解密。

48. 哥伦比亚大学，顾维钧文件，217盒，顾维钧日记，1950年1月4日条。古德菲勒1949年9月27日抵达汉城（NA, 895.00 file, box 7127, Muccio to State, October, 1949）。他在1949年12月再赴汉城，这也是此处引文所提到的最近之访问。

【第六章】

1. 杜鲁门总统1952年卸任时，民意支持率为35%，但早先的23%的支持率是有记录的民意调查史上最低的数字，此后勉强稍微回升。见 Peter Baker, "Bush's Unpopularity Nears Historic Depths," *Washington Post*, republished in *Ann Arbor News* (July 25, 2007), A8；另见 Casey (2008), 215, 292, 365。小布什后来在2008年跌落到杜鲁门之下。

2. Friedrich (2006), 14—17, 50, 52, 61—62, 71, 76. 另见 Eden (2004), 66, 78, 及 James (1993), 4。

3. 引自 Friedrich (2006), 82, 485。

4. Princeton University, J. F. Dulles Papers, Curtis LeMay oral history, April 28, 1966. 只有在北朝鲜或中国部队占领时，韩国城市才被炸，而且破坏程度比北朝鲜城市低。关于轰炸是战争罪行，见 Walzer (1992), 155—156。

5. Crane (2000), 32—33, 66—68, 122—125, 133; Knox (1985), 552.

6. Lovett in Truman Library, Connelly Papers, "Notes on Cabinet Meetings," September 12, 1952.

7. Hermann Knell, *To Destroy a City: Strategic Bombing and Its Human Consequence in World War II* (Cambridge Mass.: Da Capo Press, 2003), 25, 334.

8. Crane (2000), 133.

9. Friedrich (2006), 85—87, 110, 151.

10. Hermann Lautensach, *Korea: A Geography Based on the Author's Travels and Literature*, trans. Katherine and Eckart Dege (Berlin: Springer-Verlag, 1945, 1988), 202.

11. Crane (2000), 160—164.

12. Cumings (1990), 750—751; Rhodes (1995), 448—451.

13. 塞缪尔·科恩是赫曼·卡恩 (Herman Kahn) 的总角之交；见 Fred Kaplan, *The Wizards of Armageddon* (New York: Simon & Schuster, 1983), 220。关于奥本海默和"远景计划"（Project Vista），见 Cumings (1990), 751—752；另见 David C. Elliot, " Project Vista and Nuclear Weapons in Europe," *International Security* 2: 1 (Summer 1986), 163—183。

14. Cumings (1990), 752.

15. Dean (1954), 274.

16. Thames Television, transcript from the fifth seminar for *Korea: The Unknown War* (November 1986); Thames interview with Tibor Meray (also 1986).

17. Friedrich (2006), 75, 89；Knell (2003), 266；Crane (2000), 126；Foot (1990), 208；Crane (2000), 168—171.

18. Karig et al. (1952), 111—112.

19. Crane (2000), 168—171.

20. Knell (2003), 329.

【第七章】

1. Ernest J. Hopkins, ed., *The Civil War Stories of Ambrose Bierce* (Lincoln: University of Nebraska Press, 1970), 48. 此处引自拙作 "Occurrence at Nogun-ri Bridge: An Inquiry into the History and Memory of a Civil War," *Critical Asian Studies* 33: 4 (2001), 509—526。

2. Hanley et al. (2001), 236—237. 我和美联社的这组人员不时合作，深信他们的调查报道应该得到普利策奖。但是，他们的专书出版时适逢"九一一"事件发生，没得到大众注意。

3.《纽约时报》,1999 年 9 月 30 日。

4. Doug Struck, "U.S., South Korea Gingerly Probe the Past," *Washington Post* (October 27., 1999), A24.

5. John Osborne, " Report from the Orient—Guns Are Not Enough," *Life* (August 21, 1950), 74—84.

6. Walter Karig, " Korea—Tougher Than Okinawa," Collier's (September 23, 1950), 24—26. 劳顿·柯林斯（Lawton Collins）将军说,朝鲜战争"回到了旧式的作战方式——更像我们当年的印第安边境时期,而不像现代战争"。(《纽约时报》1950 年 12 月 27 日。)

7. Eric Larrabee, " Korea: The Military Lesson," *Harper's* (November 1950), 51—57.

8. Thompson, *Cry Korea*, 39, 44, 84, 114.

9. 引自 Richard Falk, "The Vietnam Syndrome," *The Nation* (July 9, 2001), 22。

10. 见 Cumings (1981), 335—337。

11. *New York Times*, August 2, 1950；Dean (1954), 49；Cumings (1990), 400.

12. " A Leader Turned Ghost,"《纽约时报》(2008 年 7 月 22 日), A10。(美联社这则报道没有发稿记者的名字。)

13. 在昌原市,至少 7000 人在一星期之内遭到杀害。见 Chae Sang-hun, "Unearthing War's Horrors Years Later in South Korea," *New York Times* (December 3, 2007)。

14. Winter (2006), 55—57。

15. 南非的说法引自 Minow (1958), 55。 另参见她细述如何达成真相、正义和和解的方法, 88 页。

16. London, *Daily Worker*, August 9, 1950.

17. NRC, RG242, SA 2009, item 6/70, KPA HQ , *Choson inmin ûn tosalja Mije wa Yi Sûng-man yokdodûl ûi yasujon manhaeng e pukssu harira*（朝鲜人民誓言向美帝屠夫及李承晚叛徒的野兽暴行报仇）,除了注明 1950 年底外,没有日期,40—41 页。1950 年 8 月 10 日在汉城印发的北朝鲜报纸《解放日报》(*Haebang Ilbo*) 说是 4000 人。

18. Appleman (1961), 587—588, 599.

19. HST, PSF, "Army Intelligence—Korea," box 262, joint daily sitrep no. 6, July 2—3, 1950; HST, National Security Council (NSC) file, box3, CIA report of July 3, 1950.

20. NA, 795.00 file, box 4267, London Embassy to State, August 11, 1950; Public Record Office, London Foreign Office records, FO 317, piece no. 84178, Tokyo Chancery to FO, August 15, 1950; Gascoigne to FO, August 15, 1950; Chancery to FO, August 17, 1950.（安德伍德一定是在韩国很有名的安德伍德传教士家庭的一员。）另有英国报道说，虽然记者拍下了韩国警察痛殴犯人的照片，但美国人及韩国当局禁止照片发表（Chancery to FO, September 13, 1950）。

21. Col. Donald Nichols, *How Many Times Can I Die?* (Brooksville, Fla.:Brownsville Printing Co., 1981), 引自 Korea Web Weekly, www.kimsoft.com. Nichols 说："整件事最糟的部分是，我后来获悉被杀害的人并非全是共产党。"

22. *The Crime of Korea* (1950), Armed Forces Screen Report, issue #125. 没有制作地点，但这种影片是五角大楼整理后对外发行的。

23.《纽约时报》(1999 年 9 月 30 日），A16 页。关于警察在战争爆发后更常屠杀平民，见 Chae Sang-hun, "Unearthing War's Horrors Years Later in South Korea," *New York Times* (December 3, 2007).

24. Chae Sang-hun, "South Korean Commission Details Civilian Massacres Early in Korean War," *New York Times* (November 27, 2009), A5, A8.

25. Tokyo Australian Mission to British Foreign Office, July 10, 1950 (courtesy Gavan McCormack); *New York Times*, July 1, 1950.

26. NRC, RG349, box 465, CIC report. August 17, 1950. 这份报告也说，据大韩民国官员的说法，"大约 80% 的韩国人民不会抵抗北朝鲜的部队"。

27. MA, RG6, box 60, G-2 report of July 22, 1950;《劳动新闻》1950 年 7 月 6 日；NA, State Department Office of Intelligence Research file, report no. 5299.17, July 16—17, 1950。

28. Cumings (1981), 172, 175, 504—505; Noble (1975), 26—27, 152, 253n; Sawyer (1962), 15.

29. Blair (1987), 141.

30. 《解放日报》(*Haebang ilbo*), 1950 年 7 月 29 日（副本可在 National Record Center, Record Group 242 找到）; *New York Times*, July 22, 1950。日记译本见 MA, RG6, box 78, Allied Translator and Interpreter Service, issue no. 2, October 5, 1950。

31. *New York Times*, July 14, 1950; 对 Keyes Beech 的访谈, Thames Television, February 1987; State Department, Office of Intelligence Research file, report no. 5299. 22, July 21—22, 1950; *New York Times*, July 26, 1950。

32. *New York Times*, August 1 and 3, 1950; Appleman (1961), 206—207。

33. *New York Times*, July 11, 1950; FO, FO317, piece no. 84178, Sawbridge to FO, July 25, 1950; Manchester Guardian, July 13, 1950; NRC, RG 338, KMAG file, box 5418, report of August 2, 1950. 有关金清原的大部分信息和引文来自穆乔报告，795.00 file, box 4267, "Tiger Kim vs. the Press," May 12, 1951。穆乔误以为朝鲜战争爆发时，金在釜山，也弄错他被解职的日期（他说是 1950 年 7 月 7 日，其实肯定是 8 月 2 日以后）。另见 NA, USFIK 11071 file, box 65/96, Yosu rebellion packet; also "The Yosu Operation, Amphibious Stage," by Howard W. Darrow。金在丽水不肯遵从两位美军顾问的命令，他们要求他别让第 5 团在丽水登陆；他径自设法登陆，却告失败。关于斩首事件，见 NA, RG338, KMAG file, box 5418, entries for July 26 and August 2, 1950. 关于李承晚和金的关系，见 Ridgway papers, box 20, 穆乔计划呈递给李承晚的一封信之草稿，1951 年 5 月 3 日。这封信的草稿责备李承晚信赖金老虎和其他人而不是已有的机关。关于金和艾默里奇在釜山的交手，见 Charles J. Hanley and Jae-Soon Chang, "Korea Mass Executions," Associated Press (July 7, 2008), 根据的是《釜山日报》发现及解密的美国文件。

34. 见 HST, PSF, CIA file, box 248, daily report for July 8, 1950; 北朝鲜文件出自 NA, RG242, SA2009, item 6/72, Haksup Chaeryojip。

35. NA, 795.00 file, box 4269, MacArthur to Army, September 1, 1950; 这份报告只提到两个事件：一是 7 月 10 日找到两个美国人，一是 8 月 17 日找到 41 人被杀害。关于仁川登陆后的杀俘，见《纽约时报》1950 年 9 月 30 日。

36. MA, RG6, box 78, ATIS issue no. 2, October 5, 1950, 文件由金策签署；issue no. 9, November 27. 1950, document of August 16, 1950。7月26日，北朝鲜人民军715大队也下令制止士兵偷窃百姓财物的行为。见 NA, RG242, SA2010, item 3/81, secret military order of July 26, 1950。

37. UNCURK, " Report on a visit to Chunchon, Capital of Kangwon Province, Republic of Korea," November 30, 1950; 我要感谢 Gavan McCormack 提醒我有这段资料。另见《纽约时报》1950年9月29日。有关向北移动，见 MA, RG6, box 14, G-2 report of October 16, 1950; RG349, CIC, November 6, 1950 report。后者提到数百名、有时候数千名韩国人被撤退的朝鲜人民军带到北方。

38. 795.00 file, box 4299, Drumwright to State, October 13, 1950; box 4269, Emmons to Johnson, November 13, 1950; Thompson (1951), 92;《纽约时报》1950年10月20日。

39. NA, RG319, G-3 operation file, box 122, UNC operations report for November 16—30, 1950.

40. NA, RG338, KMAG file, box 5418, KMAG journal, entry for October 3, 1950; Harold Noble Papers, Philip Rowe account of October 11, 1950.

41. Handwritten minutes of a KWP meeting, apparently at a high level, December 7, 1950, translated in MA, RG6, box 80, ATIS issue no. 29, March 17, 1951.

42. HST, PSF, NSC file, box 3, CIA report of October 4, 1950; *New York Times*, October 6 and 14, 1950.

43. War Crimes Division, Judge Advocate Section, *Extract of Interim Historical Report* (Korean Communication Zone, AP234, Cumulative to 30 June 1953), quoted in MacDonald (1980), 8, note 41.

44. 引自 Cumings (1990) 及 Callum MacDonald " So Terrible a Liberation—The UN Occupation of North Korea," *Bulletin of Concerned Asian Scholars* 23:2 (April—June 1991), 3—19。麦克唐纳教授在 "So Terrible a Liberation", 6 中引用了 NSC 81/1；另参见 Truman Presidential Library, Matthew Connelly Papers, box I, 艾奇逊在1950年9月29日内阁会议记录中的发言。

45. FO, FO317, piece no. 84100, John M. Chang to Acheson, September 21, 1950, relayed to the FO by the State Department; 另参见 *Foreign Relations of the United States* (FR) (1950), 3: 1154—1158。

46. 胡佛研究所 Alfred Connor Bowman Papers 收藏了美国在北方成立军政府计划的 16 页日记。(Bowman 当时是陆军的军政府组组长。) 美国官员明确地想要把韩国官员排除在军政府之外。另参见 M. Preston Goodfellow Papers, box I, Goodfellow to Rhee, October 3, 1950。

47. FO, FO317, piece no. 84072, Washington Embassy to FO. November 10, 1950, enclosing State Department paper on the occupation. 国务院官员 John Allison 告诉英方, Ben Limb 说的大韩民国是"全朝鲜唯一合法政府", 这"与美国政府所采的立场直接冲突", 也和联合国立场相抵触。美国和联合国都认为韩国只在联合国朝鲜委员会曾经观察选举的地区有管辖权。795.00 file, box 4268, Allison to Austin, September 27.1950。关于联合国之决议, 见伦敦《泰晤士报》, 1950 年 11 月 16 日。

48. 李承晚这句话载于合众国际社社长 Hugh Baillie 所著 *High Tension* (London: Harper, 1960), 267—268, 转引自 MacDonald (1986), 8, note 51。

49. 795.00 file, box 4268, Durward V. Sandifer to John Hickerson, August 31, 1950, top secret.

50. 国务院 1950 年 12 月 27 日的一份研究说, 韩国占领当局包括"大韩青年团、大韩民国'反谍团'大队、大韩民国宪兵和铁路警察, 以及大韩民国警察, 尤其是在东北地区。"见 MacDonald (1986), 10。这显然没包括韩国国家警察特别为占领而招募的人。

51. NA, 795.00 file, box 4268, Acheson to Muccio, October 12, 1950. 艾奇逊要求穆乔搞定韩国国家警察, 让他们在联合国的指挥下行动。另见 box 4299, Drumwright to State, October 14. 1950; *New York Times*, October 20, 1950。

52. *Manchester Guardian*, December 4, 1950。

53. Ibid., handwritten FO notes on FK1015/303, U.S. Embassy press translations for November 1, 1950; piece no. 84125, FO memo by R. Murray, October 26, 1950;

piece no. 84102, Franks memo of discussion with Rusk, October 30, 1950 ; Heron in *London Times* ,October 25, 1950.

54. FO, FO317, piece no. 84073, Korea to FO, November 23, 1950.

55. NA, RG338, KMAG file, box 5418, KMAG journal, entries for November 5, 24, 25 and 30, 1950.

56. Thompson (1951), 274; NA, 795.00 file, box 4270, carrying UPI and AP dispatches dated December 16, 17 and 18, 1950; FO317, piece no. 92847, original letter from Private Duncan, January 4, 1951; Adams to FO, January 8, 1951; UNCURK reports cited in Truman Presidential Library, PSF, CIA file. Box 248, daily summary, December 19, 1950. 另见 *London Times*, December 18, 21 and 22, 1950。

57. Almond Papers, General Files, X Corps, "Appendix 3 Counterintelligence," November 25, 1950; William V. Quinn Papers, box 3, X Corps periodic intelligence report dated November 11, 1950.（Quinn 是第 10 兵团"参二"情报处长。）强调的部分是作者所加。

58. FO, FO317, piece no. 84073, Tokyo to FO, November 21, 1950.

59. Carlisle Military Barracks, William V. Quinn Papers, box 3, X Corps HQ, McCaffrey to Ruffner, October 30, 1950; Ridgway Papers, box 20, highlights of a staff conference, with Ridgway and Almond present, January 8, 1951.

60. MacDonald (1986), 13.

61. Ibid., 11.

62. Department of State documents, cited in ibid., 17, note 136 and other information cited on 18—19.

63. Hwang Sok-yong, *The Guest*, trans. Kyung-ja Chun and Maya West (New York: Seven Stories Press, 2007), 79—103, 203—206.

64. TRCK, www.jinsil.go.kr/english, February 23, 2009.

65. Kwon (2008), 166; Cho (2008), 16.

66. 见哈佛大学校长 Drew Faust 为 Kwon (2006) 所写的序文，xii。

67. 崔明姬用它作为纪录片的片名，记述老家南原所发生的草菅人命的政治审判。

见 Honbul, 3 vols. (Seoul, 1985—1992)。

68. Dr. Steven Kim, Truth and Reconciliation Commission, "Major Achievements and Further Agendas," December 2008, courtesy of Japan Focus; also Charles J. Hanley and Jae-Soon Chang, "Children Executed in 1950 South Korean Killings," Associated Press, December 6, 2008.

【第八章】

1. Odd Arne Westad, *The Global Cold War: Third World Interventions and the Making of Our Times* (Cambridge, U.K.: Cambridge University Press, 2005), 66, 416, note 58.
2. NA, 740.0019 file, box 3827, Marshall's note to Acheson of Jan. 29, 1947, attached to Vincent to Acheson, Jan. 27, 1947; RG335, Secretary of the Army File, box 56, Draper to Royall, Oct. 1, 1947. Here I draw on parts of Cumings, *Dominion from Sea to Sea: Pacific Ascendancy and American Power* (New Haven, Conn.: Yale University Press, 2009).
3. C. Wright Mills, *The Power Elite* (New York: Oxford University Press, 1956), 175—176; Marcus Cunliffe, *Soldiers and Civilians: The Martial Spirit in America, 1775—1865* (Boston: Little, Brown, 1968), ch. 1; E.J. Hobsbawm, *The Age of Empire, 1875—1914* (New York: Pantheon Books, 1987), 351; Sherry (1995), 5.
4. Russell E Weigley, *History of the United States Army* (New York: Macmillan, 1967), 475, 486, 568; Gerald T. White, *Billions for Defense: Government Financing by the Defense Plant Corporation During World War II* (University: University of Alabama Press, 1980), 1—2; Davis, "The Next Little Dollar: The Private Governments of San Diego," in Mike Davis, Kelly Mayhew, and Jim Miller, *Under the Perfect Sun: The San Diego Tourists Never See* (New York: New Press, 2003), 65.
5. *New York Times,* Op-Ed, March 14, 1994.
6. Quoted in Cumings (1990), 55.
7. Cumings (1990), 171—175.

8. Davis, "The Next Little Dollar," 66—67,78; Roger W. Lotchin, *Fortress California, 1910—1961: From Warfare to Welfare* (Urbana: University of Illinois Press, 1992), 65, 73, 184, 23; Neal R. Peirce, *The Pacific States of America: People, Politics, and Power in the Five Pacific Basin States* (New York: W. W. Norton, 1972), 165—169.

9. 1966年5月，戴高乐说他要求"法国领土有完整主权"，因此要求华盛顿把美军部队和基地统统撤回家。见 Chalmers Johnson, *The Sorrows of Empire: Militarism, Secrecy and the End of the Republic* (New York: Henry Holt, 2004), 194。

10. Eisenhower quoted in Sherry (1995), 233—235.

【第九章】

1. *New York Times,* Sept. 30, 1999, A16.

2. David R. McCann's translation, in *The Middle Hour: Selected Poems of Kim Chi Ha* (Stanfordville, N.Y.: Human Rights Publishing Group, 1980), 51.

3. Knox (1985), 82—83, 449.

4. Nicolai Ourossoff, "The Mall and Dissonant Voices of Democracy", *New York Times* (Jan. 16, 2009), C30.

5. Sheila Miyoshi Jager and Jiyul Kim, "The Korean War After the Cold War: Commemorating the Armistice Agreement," in Jager and Mitter (2007), 242.

6. Chinoy (2008), 68.

7 Bruce B. Auster and Kevin Whitelaw, "Pentagon Plan 5030, a New Blueprint for Facing Down North Korea," *U.S. News & World Report* (July 21, 2003); see also Chinoy (2008), 234.

8. President Roh Moo Hyun, "On History, Nationalism and a Northeast Asian Community," *Global Asia,* April 16, 2007.

9. Choe Sang-hun, "A Korean Village Torn Apart from Within Mends Itself," *New York Times* (Feb. 21, 2008), A4.

10. Nietzsche (1983), 88.

延伸阅读

◎ 关于朝鲜战争

Acheson, Dean (1969). *Present at the Creation: My Years in the State Department.* New York: W. W. Norton & Company.

Appleman, Roy (1961). *South to the Naktong, North to the Yalu.* Washington, D.C.: Office of the Chief of Military History.

Baik Bong (1973). *Kim Il Sung: Biography I—From Birth to Triumphant Return to the Homeland.* Pyongyang: Foreign Languages Press.

Biderman, Albert D., and Samuel M. Meyers, eds. (1968). *Mass Behavior in Battle and Captivity: The Communist Soldier in the Korean War.* Chicago: University of Chicago Press.

Blair, Clay (1987). *The Forgotten War: America in Korea 1950—1953.* New York: Times Books.

Bradley, Omar N., with Clay Blair (1983). *A General's Life: An Autobiography of a General of the Army.* New York: Simon and Schuster.

Casey, Stephen (2008). *Selling the Korean War: Propaganda, Politics, and Public Opinion in the United States, 1950—1953.* New York: Oxford University Press.

Chen Jian (1996). *China's Road to the Korean War.* New York: Columbia University Press.

Chinoy, Mike (2008). *Meltdown: The Inside Story of the North Korean Nuclear Crisis.* New York: St. Martin's Press.

Cho, Grace M. (2008). *Haunting the Korean Diaspora: Shame, Secrecy, and the Forgotten War.* Minneapolis: University of Minnesota Press.

Cotton, James, and Ian Neary, eds. (1989). *The Korean War in History.* Atlantic Highlands, NJ.: Humanities Press International.

Crane, Conrad C. (2000). *American Airpower Strategy in Korea, 1950—1953.* Lawrence: University Press of Kansas.

Cumings, Bruce (1981). *The Origins of the Korean War, I: Liberation and the Emergence of Separate Regimes, 1945—1947.* Princeton, N.J.: Princeton University Press.

—— (1990). *The Origins of the Korean War, II: The Roaring of the Cataract, 1947—1950.* Princeton, N.J.: Princeton University Press.

Dean, William F. (1954). *General Dean's Story,* as told to William L. Worden. New York: The Viking Press.

Foot, Rosemary (1990). *A Substitute for Victory: The Politics of Peacemaking at the Korean Armistice Talks.* Ithaca, N.Y.: Cornell University Press.

—— (1987). *The Wrong War.* Ithaca, N.Y.: Cornell University Press.

Fulton, Bruce, Ju-Chan Fulton, and Bruce Cumings (2009). *The Red Room: Stories of Trauma in Contemporary Korea.* Honolulu: University of Hawaii Press.

Gardner, Lloyd, ed. (1972). *The Korean War.* New York: New York Times Company.

Goldstein, Donald, and Harry Maihafer (2000). *The Korean War.* Washington, D.C.: Brassey's.

Goncharov, Sergei N., John W. Lewis, and Xue Li-tai (1993). *Uncertain Partners: Stalin, Mao, and the Korean War:* Stanford, Calif.: Stanford University Press.

Ha Jin (2004). *War Trash.* New York: Vintage Books.

Halberstam, David (2007). *The Coldest Winter: America and the Korean War.* New York: Hyperion.

Han Hong-koo (1999). "Kim Il Sun and the Guerrilla Struggle in Eastern Manchuria." Ph.D. diss., University of Washington, 1999.

Hanley, Charles J., Sang-Hun Choe, and Martha Mendoza (2001). *The Bridge at No Gun Ri: A Hidden Nightmare from the Korean War.* New York: Henry Holt and Company.

Hastings, Max (1987). *The Korean War.* London: Michael Joseph.

Henderson, Gregory (1968). *Korea: The Politics of the Vortex.* Cambridge, Mass.: Harvard University Press.

Hodgson, Godfrey (1976). *America in Our Time: From World War II to Nixon—What Happened and Why;* New York: Doubleday & Co.

Hooker, John (1989). *Korea: The Forgotten War.* North Sydney, Australia: Time-Life Books.

Horwitz, Dorothy G., ed. (1997). *We Will Not Be Strangers: Korean War Letters Between a M.A.S.H Surgeon and His Wife,* foreword by James I. Matray. Urbana and Chicago: University of Illinois Press.

Hwang Sok-yong (2007). *The Guest,* trans. Kyung-ja Chun and Maya West. New York: Seven Stories Press.

James, D. Clayton (1993). *Refighting the Last War: Command and Crisis in Korea, 1950—1953.* New York: The Free Press.

Kang, Kyong-ae (1934, 2009). *From Wonso Pond,* trans. Samuel Perry. New York: Feminist Press.

Karig, Walter, Malcolm W. Cagle, and Frank A. Manson (1952). *Battle Report: The War in Korea.* New York: Rinehart.

Kaufman, Burton I. (1986). *The Korean War: Challenges in Crisis, Credibility, and Command.* Philadelphia: Temple University Press.

Kim Il Sung. *With the Century.* Pyongyang: Foreign Languages Press, multiple volumes.

Knightly, Phillip (1975). *The First Casualty: From the Crimea to Vietnam—— The War Correspondent as Hero, Propagandist, and Myth Maker.* New York: Harcourt Brace Jovanovich.

Knox, Donald (1985). *The Korean War: Pusan to Chosin—— An Oral History.* New York: Harcourt Brace Jovanovich.

Lankov, Andrei (2002). *From Stalin to Kim Il Sung: The Formation of North Korea, 1945—1960.* New Brunswick, N.J.: Rutgers University Press.

Lee, Chongsik (1966). *Counterinsurgency in Manchuria: The Japanese Experience.* Santa Monica, Calif.: The RAND Corporation.

Linn, Brian McAllister (1997). *Guardians of Empire: The U.S. Army and the Pacific, 1902—1940.* Chapel Hill: University of North Carolina Press.

Lowe, Peter (1997). *The Origins of the Korean War,* 2nd ed. New York: Longman.

MacDonald, Callum (1986). *Korea: The War Before Vietnam.* New York: Macmillan.

Martin, Bradley K. (2004). *Under the Loving Care of the Fatherly Leader: North Korea and the Kim Dynasty.* New York: Thomas Dunne Books.

Matray, James I. (1985). *The Reluctant Crusade: American Foreign Policy in Korea, 1941—1950.* Honolulu: University of Hawaii Press.

Meade, E. Grant (1951). *American Military Government in Korea.* New York: King's Crown Press.

Noble, Harold Joyce (1975). *Embassy at War,* ed. and introduced by Frank Baldwin. Seattle: University of Washington Press.

Offner, Arnold (2002). *Another Such Victory: President Truman and the Cold War, 1945—1953.* Stanford, Calif.: Stanford University Press.

Roth, Philip (2008). *Indignation.* New York: Random House.

Salter, James (1997). *Burning the Days: Recollection.* New York: Vintage Books.

Sawyer, Major Robert K. (1962). *Military Advisors in Korea: KMAG in Peace and War.* Washington, D.C.: Office of the Chief of Military History.

Stone, I. F. (1952). *The Hidden History of the Korean War.* New York: Monthly Review

Press.

Stueck William (1995). *The Korean War: An International History.* Princeton, N.J.: Princeton University Press.

—— (1981). *The Road to Confrontation.* Chapel Hill: University of North Carolina Press.

Suh Dae-sook (1988). *Kim Il Sung: The North Korean Leader.* New York: Columbia University Press.

Tanaka, Yuki, and Marilyn B. Young, eds. (2009). *Bombing Civilians: A Twentieth-Century History.* New York: The New Press.

Thompson, Reginald (1951). *Cry Korea.* London: Macdonald & Company.

Tomedi, Rudy (1993). *No Bugles, No Drums: An Oral History of the Korean War.* New York: John Wiley & Sons.

Weintraub, Stanley (2000). *MacArthur's War: Korea and the Undoing of an American Hero.* New York: The Free Press.

Zhang, Shu Guang (1995). *Mao's Military Romanticism: China and the Korean War, 1950—1953.* Lawrence: University Press of Kansas.

◎ 关于历史与记忆

Chirot, Daniel, and Clark McCauley (2006). *Why Not Kill Them All? The Logic and Prevention of Mass Political Murder.* Princeton, N.J.: Princeton University Press.

Eden, Lynn (2004). *Whole World on Fire: Organizations, Knowledge, and Nuclear Weapons Devastation.* Ithaca, N.Y.: Cornell University Press.

Foucault, Michel (1972). *The Archaeology of Knowledge and the Discourse on Language,* trans. A. M. Sheridan Smith. New York: Pantheon Books.

Friedlander, Saul (1979). *When Memory Comes,* trans. Helen R. Lane. Madison: University of Wisconsin Press.

Friedrich Jörg (2006). *The Fire: The Bombing of Germany, 1940—1945,* trans. Allison Brown. New York: Columbia University Press.

Fussell, Paul (1975). *The Great War and Modern Memory.* New York: Oxford University Press.

Hopkins, Ernest J., ed. (1970). *The Civil War Stories of Ambrose Bierce.* Lincoln: University of Nebraska Press.

Jager, Sheila Miyoshi, and Rana Mitter, eds. (2007). *Ruptured Histories: War, Memory, and the Post-Cold War in Asia.* Cambridge, Mass.: Harvard University Press.

Jameson, Fredric (1981). *The Political Unconscious: Narratives as a Socially Symbolic Act.* Ithaca, N.Y.: Cornell University Press.

Kantorowicz, Ernst H. (1957) . *The King's Two Bodies: A Study in Medieval Political Theology.* Princeton, N.J.: Princeton University Press.

Koselleck, Reinhart (2004). *Futures Past: On the Semantics of Historical Time,* trans. Keith Tribe. New York: Columbia University Press.

Kwon, Heonik (2006). *After the Massacre: Commemoration and Consolation in Ha My and My Lai.* Berkeley: University of California Press.

—— (2008). *Ghosts of War in Vietnam.* New York: Cambridge University Press.

Maier, Charles S. (1997). *The Unmasterable Past: History, Holocaust, and German National Identity.* Cambridge, Mass.: Harvard University Press.

McAuliffe, Mary Sperling (1978). *Crisis on the Left: Cold War Politics and American Liberals, 1947—1954.* Amherst: University of Massachusetts Press.

Minow, Martha (1998). *Between Vengeance and Forgiveness: Facing History After Genocide and Mass Violence.* Boston: Beacon Press.

Nietzsche, Friedrich (1966). *Beyond Good and Evil: Prelude to a Philosophy of the Future,* trans. Walter Kaufmann. New York: Vintage Books.

—— (1974). *The Gay Science,* trans. Walter Kaufmann. New York: Vintage Books.

—— (1967). *On the Genealogy of Morals,* trans. Walter Kaufmann. New York: Vintage Books.

—— (1983). *Untimely Meditations,* trans. R. J. Hollingdale. New York: Cambridge University Press.

Oshinsky, David M. (1983). *A Conspiracy So Immense: The World of Joe McCarthy.* New York: The Free Press.

Rosenberg, Tina (1995). *The Haunted Land: Facing Europe's Ghosts After Communism.* New York: Vintage Books.

Sherry, Michael S. (1995). *In the Shadow of War: The United States Since the 1930s.* New Haven: Yale University Press.

Soh, C. Sarah (2008). *Sexual Violence and Postcolonial Memory in Korea and Japan.* Chicago: University of Chicago Press.

Walzer, Michael (1992). *Just and Unjust Wars: A Moral Argument with Historical Illustrations,* 2nd ed. New York: Basic Books.

Wilshire, Bruce (2006). *Get 'Em All! Kill 'Em: Genocide, Terrorism, Righteous Communities.* New York: Lexington Books.

Winter, Jay (2006). *Remembering War: The Great War Between Memory and History in the Twentieth Century.* New Haven, Conn.: Yale University Press.

—— (1995). *Sites of Memory, Sites of Mourning: The Great War in European Cultural History.* New York: Cambridge University Press.

Yamamuro Shin'ichi (2006). *Manchuria Under Japanese Domination,* trans. Joshua A. Fogel. Philadelphia: University of Pennsylvania Press.